Bel-Ami (1885)

MAUPASSANT

Résumé
Personnages
Thèmes

GÉRARD DELAISEMENT
docteur ès lettres

HATIER

Dans la collection « Profil », titres à consulter dans le prolongement de cette étude sur *Bel-Ami* :

• Sur Maupassant et son œuvre

– MAUPASSANT, *Une Vie* (« Profil d'une œuvre », **103**).
– MAUPASSANT, *Le Horla et autres contes fantastiques* (« Profil d'une œuvre », **84**).
– *Histoire de la littérature en France au XIXᵉ siècle* (« Histoire littéraire », **123/124**) ; p. 129-130.
– *Memento de littérature française* (« Histoire littéraire », **128/129**) ; p. 89, 94.
– *50 romans clés de la littérature française* (« Histoire littéraire », **114/115**) ; p. 88-89 : *Boule de suif*.
– *La littérature fantastique en France* (« Histoire littéraire », **127**) ; « La chevelure », chap. 6 ; « Le Horla », chap. 7 et 10 ; « La peur », chap. 8 ; « La main », chap. 9 ; « Qui sait ? », chap. 11.
– *Les débuts de roman* (« Thèmes et questions d'ensemble », **137**) ; *Pierre et Jean*, chap. 6.

• Sur le journalisme et la presse

– *Histoire de la littérature en France au XIXᵉ siècle* (« Histoire littéraire », **123/124**) ; les écrivains et la presse au XIXᵉ siècle, p. 73-74.
– BALZAC, *Illusions perdues* (« Profil d'une œuvre », **85**) ; la Restauration et la presse, chap. 2 ; le rôle de la presse, chap. 7.
– MAUPASSANT, *Le Horla* (« Profil d'une œuvre », **84**) ; le journalisme au XIXᵉ siècle, chap. 3.

• Sur les femmes

– *Histoire de la littérature en France au XIXᵉ siècle* (« Histoire littéraire », **123/124**) ; l'image de la femme dans la littérature du XIXᵉ siècle, p. 77.
– BALZAC, *Illusions perdues* (« Profil d'une œuvre », **85**) ; la fausse amoureuse, la femme loyale, la femme sacrifiée, chap. 4.
– BALZAC, *La Peau de chagrin* (« Profil d'une œuvre », **132**) ; les femmes comme marchepied vers la fortune, chap. 7.

© HATIER, PARIS, MARS 1994   ISSN 0981-8170   ISBN 2-218-**6800-1**

SOMMAIRE

Dans les pages suivantes, les chiffres entre parenthèses renvoient aux pages de l'édition **GALLIMARD**, collection « Folio », 1993.

Fiche Profil

Bel-Ami (1885)

MAUPASSANT
(1850-1893)

ÉCRIVAIN DU XIXe
ROMAN

RÉSUMÉ

Georges Duroy, sous-officier rendu à la vie civile, est parti en chasse sur le boulevard parisien en quête de succès et de réussite financière. Il rencontre un ancien ami, Forestier, qui lui conseille d'entrer, comme lui, dans la presse.

Après quelques déboires, ses pouvoirs de séducteur forcent les portes du défi. Un nouveau Rastignac, le célèbre héros balzacien, va naître.

Pour réussir, Duroy va gravir toutes les marches de la fortune : Forestier lui donne ses premières leçons d'apprenti-chroniqueur, mais la route est hérissée d'obstacles que le néophyte apprend à contourner. Il fait la connaissance de Mme de Marelle, une sympathique maîtresse qui le guide sur les chemins d'une éducation sentimentale très libre. La très jeune fille de Mme de Marelle, Laurine, lui donne un nom qui sonne comme un titre : Bel-Ami.

Forestier meurt. Georges Duroy séduit Mme Forestier, la femme ambitieuse qui fut sa maîtresse à écrire : il l'épouse. Devenu chef des Échos, une position centrale au journal, il se fait apprécier de son patron, le rusé Walter, directeur de *La Vie Française*, le journal parisien puissant et écouté.

Georges Duroy, bientôt Du Roy de Cantel, se rapproche alors de Mme Walter et devient son amant. Rédacteur politique, il recueille les moindres indiscrétions de couloirs sur les affaires financières véreuses. Il connaît les sombres tractations gouvernementales et tous les dessous de la politique coloniale. Il s'enrichit.

L'entente scellée par l'ambition commune du couple Madeleine Forestier-Duroy se lézarde ; Mme Walter est écartée, sans ménagements. C'est alors sa fille, Suzanne, qui précise les derniers rêves de l'arriviste. Séparé de Mme Forestier, il épouse Suzanne. C'est le dernier pas vers la richesse, la députation, la gloire. Walter, qui a reconnu en lui la race des « hommes d'avenir », lui ouvre sa maison, le fait rédacteur en chef.

Sur les marches de l'église de la Madeleine, auréolé de sa nouvelle et quasi divine puissance, son regard rencontre celui de Madame de Marelle.

PERSONNAGES PRINCIPAUX

– Georges Duroy, l'arriviste absolu, le petit sous-officier qui devient maître de la Presse et, bientôt, du pouvoir.
– Walter, « Monsieur Walter », directeur de journal, financier puissant et omnipotent, lanceur d'affaires.
– Laroche-Mathieu, le ministre des basses besognes politiques et financières.
– Les petits journalistes : Forestier, un second habile ; Saint-Potin, le reporter sans scrupules ; Rival, le chroniqueur parisien, image du Paris des apparences ; Norbert de Varenne, l'un des masques de Maupassant, pessimiste, solitaire, hanté par la mort.
– Mme Forestier, un personnage original de journaliste moderne, indépendante et rusée.
– Mme de Marelle, la maîtresse parfaite, objet permanent de désir.
– Mme Walter, la maîtresse acharnée, maladroite, fatigante et cependant sincère dans sa souffrance de femme trompée.
– Suzanne Walter, une adolescente romanesque, victime désignée de l'arriviste.

THÈMES

1. Un arriviste fait son chemin dans la Presse, à Paris.
2. Le monde de l'argent et des affaires.
3. Le rôle des femmes dans la société.
4. Le pessimisme et la hantise de la mort.

TROIS AXES DE LECTURE

1. Le roman de l'arrivisme et de l'ambition
Un homme qui arrive par les femmes et l'argent.

2. Un roman de mœurs
Un monde sans repères, dominé par l'argent. Une société du paraître où tout s'achète et se vend.

3. Une belle maîtrise des choix artistiques
Un roman naturaliste qui impose la logique du récit. Mais le réel peut se métamorphoser et l'écriture se faire impressionniste.

■■■■■ DES DÉBUTS DIFFICILES

Maupassant naît en Normandie, le 5 août 1850. Sa mère, Laure, est une femme hypersensible, lettrée et proche de ses deux fils (un frère Hervé, né en 1856). Son père, léger et violent, marquera profondément Guy et son œuvre. La séparation de ses parents prendra, dans la vie de l'écrivain, un aspect dramatique.

C'est une enfance vagabonde de « poulain échappé » sur la côte battue des vents et balayée par les embruns, au cœur de la terre cauchoise, de ses paysans et de ses mystères. Une fascination, l'eau.

En 1863, c'est l'Institution ecclésiastique d'Yvetot. La discipline est trop dure, trop aliénante : le cœur n'y est pas. Cependant, le rebelle lit – plus qu'on ne l'a dit – et sa curiosité fait le reste. Tout y passe : le latin, le XVIIᵉ siècle, diversement apprécié, le XVIIIᵉ admiré, les livres défendus... Il se fait chasser d'un lieu de travail qu'il déteste.

On retrouve le jeune Guy à Rouen, au Collège impérial, où il prolonge ses lectures, s'initie aux dures épreuves de la versification, bientôt contrôlées par un maître sévère, Flaubert, un ami de la famille. Il se souvient : « Pendant sept ans je fis des vers, je fis des contes, je fis même un drame détestable. Il n'en est rien resté. »

Mobilisé à Rouen, en 1870[1], il est témoin des horreurs de la déroute, aux ironies monstrueuses de la guerre. Monte en lui la haine des militaires, des politiques satisfaits, des dirigeants et autres bourgeois parvenus. Des souvenirs ineffaçables. Sa situation est précaire, incertaine.

---

1. La guerre, qui opposa, en 1870-1871, la France à la Prusse, fut douloureuse. Maupassant assistera, la rage au cœur, au siège de Paris et à la débâcle.

■■■ DES PREMIERS PAS LITTÉRAIRES HÉSITANTS

Que reste-t-il en vérité de cette période d'apprentissage ? Un volume de vers, une pièce de théâtre, des contes (*La Main d'écorché*, 1875 ; *Le Docteur Héraclius Gloss*, 1876 ; *Le Donneur d'eau bénite*, 1877 ; *Le Mariage du lieutenant Laré*, 1878 ; *Coco, coco, coco frais*, 1878 ; *Le Papa de Simon*, 1879). Et puis un ensemble de thèmes, déjà élaborés, qui s'exprimeront dans l'œuvre tout entière : le fantastique, le pessimisme fondamental abordé par l'image de l'enfant, la guerre, la destinée humaine, l'instinct, l'eau...

Le jeune homme va exercer des emplois subalternes dans les ministères, un monde fermé, ennuyeux : il piaffe, écœuré. Cependant il y a la Seine, toute proche, la pratique du canotage et quelques diversions sentimentales. Il publie *La Main d'écorché*, une main « fantastique » qui aliène la liberté de celui qui la possède.

■■■ UN CHEF-D'ŒUVRE : « BOULE DE SUIF »

De 1873 à 1880 ce seront les longues années de tension, de procès, d'espoirs déçus malgré les promesses de l'écriture et le soutien de Flaubert. Mais voici *Boule de Suif*, une nouvelle qui enchante le maître. C'est une histoire de guerre dans laquelle une prostituée sympathique donne des leçons de patriotisme aux bourgeois parvenus.

Trois mois plus tard, Flaubert tombe, foudroyé, le 8 mai 1880. Maupassant, accablé, ne se remettra jamais de cette perte irréparable et continuera à dire ce qu'il doit au génie et à la compréhension du grand homme. En dehors de lettres pathétiques, il consacrera au souvenir et à l'œuvre exemplaire de l'ami une dizaine de chroniques.

■■■ LES ANNÉES DE FÉCONDITÉ

Après *Boule de Suif*, les portes de la presse – la grande – s'ouvrent devant le jeune écrivain : il entre au *Gaulois* avant d'écrire pour le *Gil Blas*, *Le Figaro* et *L'Écho de Paris*. C'est l'aisance avant les grands succès. En sept années, près de 250 chroniques, reflet d'un temps et d'un homme : l'observateur, le reporter qui s'intéresse au fait divers, le voyageur infatigable, ivre de soleil et de spectacles marins, le critique littéraire.

Maître de sa plume, Maupassant écrit : *La Maison Tellier*, un document vécu (1881), *Mademoiselle Fifi* (1882) ; *Une vie*, un premier roman qui ouvre la porte à toutes les obsessions futures (1883) et, la même année, les *Contes de la Bécasse*. Suivent les chemins de fébrile réussite : un carnet de voyages : *Au Soleil*, 1884 ; des contes : *Clair de lune, Miss Harriet, les Sœurs Rondoli* ; une belle étude sur Flaubert puis *Yvette*, les *Contes du Jour et de la Nuit, Toine*. En 1885, Maupassant publie *Bel-Ami*, une épopée de l'arrivisme qui fait grincer les dents de quelques journalistes. Une chronique, *Aux critiques de Bel-Ami* : *Une réponse* (27 juin), n'apaisera pas la colère de ceux qui se croient visés. C'est le succès : tout un cortège de femmes répond à la renommée montante du journaliste-écrivain. Il goûte et savoure les joies de son héros, celles de l'homme arrivé.

Cependant sa santé, que ronge une syphilis incurable avec maux de tête et troubles visuels, irritabilité et angoisse, l'inquiète. Une cure à Châtelguyon n'apporte guère de soulagement. Les années 1886 et 1887 restent fructueuses : encore des contes *(Monsieur Parent, La petite Roque)*. Une accélération de l'inspiration fantastique se présente comme un mélange de peurs et d'obsessions. Paraissent deux versions du *Horla*, la grande peur de l'Invisible, analysée avec une implacable rigueur.

■■■■ LES GRANDS TOURMENTS

Fébrilement, mû par d'obscurs pressentiments, Maupassant publie, publie : son quatrième roman, *Pierre et Jean* puis *Sur l'eau*, *Le Rosier de Madame Husson* (1888). Il voyage, en quête du soleil et de la mer : il a son bateau, le *Bel-Ami*, son soleil et sa mer, la Méditerranée. En mars 1889, c'est *La Main gauche*, puis *Fort comme la mort*, au cœur des angoisses d'un homme qui promène sa santé délabrée d'Aix-les-Bains à Alger, du salon d'une Princesse au salon d'une autre Princesse. Il assiste, horrifié, à l'agonie de son frère Hervé dans une crise de folle démence, avant d'entreprendre, sur son voilier, le *Bel-Ami*, une longue croisière italienne.

Dans les pires conditions physiques, Maupassant écrit *La Vie errante*, en 1890. C'est le journal d'un navigateur, encore plein d'espoirs radieux et de découvertes enivrantes.

Parvenu, comme Bel-Ami, au sommet d'une ascension fulgurante, il s'installe dans les beaux quartiers, pensant avoir encore beaucoup de choses à dire et à écrire. Il publie encore, en cette même année 1890, *L'Inutile Beauté* et un roman, *Notre Cœur*, sans que rien ne puisse freiner les progrès de la maladie. Le 6 janvier 1892, il est interné dans la clinique du docteur Blanche, à Passy. Il y meurt le 6 juillet 1893.

2 Résumé

PREMIÈRE PARTIE

Chapitre I :
premiers succès sur le boulevard[1]

Georges Duroy est un ancien sous-officier qui a gardé de son métier l'arrogance, une soif, un désir violent de réussir à Paris, quels qu'en soient les moyens. C'est un chasseur sur le boulevard, en quête de bonnes fortunes. La chance aidant, il rencontre Charles Forestier, un ami de régiment, rédacteur politique à *La Vie Française*. Ce journaliste arrivé – encore que malade – lui conseille de suivre sa propre voie car c'est par la presse, la grande, qu'on arrive à Paris. Forestier invite alors Duroy à dîner pour le lendemain : il rencontrera le Patron, M. Walter, ainsi que des journalistes et des femmes.

Chemin faisant, les deux compères arrivent aux portes des Folies-Bergère : on va assister – gratuitement – au spectacle. À la sortie, une fille, Rachel, remarque la prestance de Duroy et l'entraîne. Forestier, en connaisseur, constate : « Dis donc, mon vieux, sais-tu que tu as vraiment du succès auprès des femmes ? Il faut soigner ça. Ça peut te mener loin » (p. 45).

Chapitre II : un dîner important

Pénétré de sa valeur, tout à sa joie d'une première réussite, Duroy, qui a soigné sa tenue de soirée, se présente chez Forestier. Passées les premières timidités devant le patron de *La Vie Française*, il s'enhardit et raconte à sa manière la situation économique de l'Algérie et ses souvenirs d'Afrique.

---

1. Tous les titres de chapitres sont de l'auteur du « Profil ».

L'évidente facilité du conteur appelle la curiosité autour d'un sujet mal connu. Et d'abord celle de trois femmes – Mme Forestier, Mme de Marelle, son amie, et Mme Walter, la femme du Patron – « qui avaient les yeux fixés sur lui ». Une bonne soirée : trois femmes – sans compter la petite Laurine, fille de Mme de Marelle – l'admirent, et le Patron lui donne rendez-vous pour le lendemain, non sans lui avoir commandé « une petite série fantaisiste sur l'Algérie » (p. 56).

Chapitre III : une « collaboration réussie »

Duroy est rentré chez lui – une triste chambre dans un immeuble crasseux – et commence l'article promis. L'inspiration se fait attendre ; il rêve au pays natal, aux vieux parents normands qui « avaient voulu faire de leur fils un monsieur » (p. 66-67) : il ne les décevra pas. Mais la plume le trahit et il doit se rendre auprès de Forestier pour lui expliquer ses difficultés. Toujours compréhensif, l'ami le pousse à rencontrer sa femme, elle-même journaliste de talent, experte en l'art d'écrire des chroniques.

Madame Forestier, énigmatique et sûre d'elle-même, écoute son récit algérien et montre à Duroy, médusé, comment on s'y prend pour offrir au public un papier qui l'intéresse. Très amicale, elle engage l'homme à rendre visite à Mme de Marelle cependant qu'arrive le comte de Vaudrec, « le meilleur et le plus intime de nos amis » (p. 77), précise-t-elle. Duroy, gêné, s'efface.

À *La Vie Française* où il se rend plus tard, il s'étonne de trouver des femmes parmi les journalistes – une nouveauté dans la presse moderne – et commence à découvrir que tout est fait pour le paraître, pour l'apparence, pour le masque. Forestier le fait pénétrer dans le bureau de Walter qui confirme l'engagement de son nouveau collaborateur et lui demande de continuer sa série d'articles sur l'Algérie.

Chapitre IV : le faux pas

Duroy connaît la joie de lire « son » article, le lendemain, dans *La Vie Française*. Il commence à s'initier aux besognes routinières du journal : Saint-Potin, un journaliste astucieux, lui explique comment faire un article sans se déranger, brosse un portrait du Patron, « un bon zig qui ne croit à rien et roule tout le monde », et du journal « fondé [...] pour soutenir ses opérations de bourse et ses entreprises de toute sorte » (p. 91). Quant à Madeleine Forestier, c'est « une rouée, une fine mouche. C'est la maîtresse d'un vieux viveur nommé Vaudrec, le comte de Vaudrec, qui l'a dotée et mariée... » (p. 92).

Ces premiers apprentissages n'ont pas fait progresser Duroy dans l'art d'écrire : il doit quémander l'aide de Forestier. Cette aide lui est refusée et il doit se résoudre, avec sagesse, aux durs apprentissages du métier. Il rêve, le soir, « aux procédés qu'il pourrait employer » pour atteindre l'aisance (p. 101).

Chapitre V : une facile conquête

Duroy ne progresse pas assez vite à son gré. Il se souvient alors du conseil de Mme Forestier : « Allez donc voir [Mme de Marelle] un de ces jours » (p. 77). Cette visite lui procure une alliée : la fille de la maison, la petite Laurine. À son tour, la mère se laisse séduire par le beau sous-officier et l'invite à un dîner « intime » avec les Forestier. Ce dîner commence dans la bonne humeur mais s'achève trop vite : Forestier, malade, doit rentrer.

Georges Duroy raccompagne Mme de Marelle, lui fait une cour pressante à laquelle elle répond favorablement : « Il en tenait une, enfin, une femme mariée ! une femme du monde ! du vrai monde ! du monde parisien ! Comme ça avait été facile et inattendu ! » (p. 116-117). Alors les rendez-vous se succèdent : chez Mme de Marelle où Laurine, sa fille, baptise le jeune homme du nom de Bel-Ami ; dans le triste appartement de Bel-Ami, une garçonnière louée par l'obligeante maîtresse. Il devient habituel d'oublier la présence d'un mari et de s'encanailler dans les bistrots, « dans tous les endroits louches où s'amuse le peuple » (p. 129).

À ce jeu, les maigres ressources de Duroy fondent à vue d'œil et Clotilde de Marelle, qui a perçu la gêne de son amant, glisse dans ses vêtements pièce après pièce. Il doit accepter, en grognant, ces générosités nécessaires et obéir à tous les caprices de la femme. Mais il se trouve que l'un de ces caprices amène les amants aux Folies-Bergère où Rachel entreprend de se faire reconnaître par Duroy. Gêné, l'homme se sauve sous les quolibets de la fille. Clotilde quitte le maladroit, tout déconfit.

Chapitre VI : vers d'autres amours

Duroy a vite retrouvé son aplomb et déclare à Mme Forestier son amour naissant. Très grande dame, elle écarte l'intrus au nom d'une conception très moderne de la passion : toute passion est dangereuse et « je cesse, avec les gens qui m'aiment d'amour ou qui le prétendent, toute relation intime » (p. 147). Madame Forestier engage Duroy à rendre visite à Mme Walter, la femme du patron, une femme utile, avec une réputation sans tache.

Le journaliste fait son chemin. Les leçons de Mme de Marelle et celles de ses amis reporters ont porté leurs fruits. L'homme qui se présente chez Mme Walter a acquis l'aisance et le délié.

Devant un cercle féminin très choisi, il produit forte impression en ridiculisant ces messieurs de l'Académie : la semaine suivante, il est nommé chef des Échos, ces Échos qui sont « la moelle du journal », la somme des petits entrefilets aguicheurs et trompeurs où chaque lecteur doit trouver son intérêt. Un intérêt qui peut être politique ou culturel, professionnel ou social, quand « il faut penser à tout et à tous » (p. 155).

Le journaliste va montrer là toutes ses qualités de ruse, d'astuce, de souplesse et de flair pour réussir dans la fonction. Et comme une bonne nouvelle peut cacher d'autres bonnes nouvelles, il est invité à dîner chez les Walter, reçoit un salaire de Crésus et songe à ses parents normands et au pays natal.

Le dîner – en présence de tous les rédacteurs du journal – est somptueux. Duroy fait plus ample connaissance avec les deux filles Walter, Suzanne en particulier. Il revoit Mme de Marelle : c'est la réconciliation. Le vieux poète Norbert de Varenne, étrange figure de raté pessimiste, l'accompagne sur le chemin du retour en lui administrant un véritable sermon sur la mort.

L'homme s'arrache à ce pessimisme durement révélé à la pensée de sa rencontre du lendemain avec Mme de Marelle.

Forestier, de plus en plus malade, doit partir pour Cannes et son soleil. Bel-Ami rappelle à sa femme qu'elle peut compter sur son dévouement, en toute occasion.

Chapitre VII : un incident de parcours : le duel

Charles Forestier est loin, Duroy signe ses premiers articles politiques mais il doit faire face à l'humeur belliqueuse d'un reporter de *La Plume* qui le prend rudement à partie tout en égratignant le journal. Un échange de communiqués insultants n'arrange rien : un seul recours, le duel. Bel-Ami possède quelques qualités d'apparence et beaucoup de savoir-faire et d'ambition, mais bien peu de courage physique.

Le choix des armes l'inquiète, puis l'angoisse, le terrorise. On se battra au pistolet. Malgré une formation accélérée, il se sent au bord de toutes les lâchetés.

La chance aidant, les balles épargnent les deux hommes. L'honneur de *La Vie Française* est intact et Bel-Ami reçoit les chaudes félicitations du Patron et les tendresses renouvelées de Mme de Marelle : on s'installe dans la garçonnière du bonheur.

Chapitre VIII : la mort de Forestier

Duroy et Clotilde consacrent leur entente quasi familiale – M. de Marelle, toujours absent, ne compte pas – quand arrivent de mauvaises nouvelles de Cannes : Charles se meurt et sa femme demande l'aide promise par l'ami.

À Cannes, c'est l'heure difficile d'une longue et crispante agonie. La maladie n'en finit pas de jouer avec les dernières forces du malade. Bientôt, il faudra veiller le mort et ne pas se laisser prendre aux ultimes angoisses du hideux spectacle. C'est le moment que choisit Bel-Ami, profitant des circonstances qui lui sont favorables, pour redire à Madeleine Forestier son amour et son espoir d'un mariage. Sans écarter le projet, la brillante journaliste en fixe les limites : « Le mariage pour moi n'est pas une chaîne, mais une association [...]. Mais il faudrait aussi que cet homme s'engageât à voir en moi une égale, une alliée » (p. 224-225).

Conscient des progrès réalisés, Duroy se montre compréhensif : il saura attendre.

■■■■■ DEUXIÈME PARTIE

Chapitre I : la visite normande

Madeleine Forestier s'est décidée : elle épousera Bel-Ami qui devra accepter une seconde et douloureuse rupture avec Mme de Marelle. Les nouveaux époux, pleins d'enthousiasme, iront passer quelques jours à Canteleu, au village natal de Georges Duroy, dans cette Normandie tant chérie, auprès de parents qu'il respecte et aime. Mais, à Canteleu, malgré les précautions prises, le contact espéré ne s'établit pas entre la dure paysanne des champs et la femme de la ville. Alors on ne s'attarde pas et Bel-Ami fait découvrir à sa future femme les beautés de son pays natal, « l'immense vallée » de la Seine, Rouen et son paysage de clochers.

Chapitre II : l'ombre de Charles

Duroy, qui a remplacé Forestier en toutes ses attributions, fait connaissance des amis politiques de sa femme : le comte de Vaudrec « qui a ses habitudes dans la maison », Laroche-Mathieu, le député, futur ministre. C'est avec ce médiocre arriviste que le couple s'associe pour lutter contre la politique coloniale du gouvernement. Cependant que les attaques perfides se succèdent, l'échotier Duroy, devenu le rédacteur politique D. de Cantel, inquiète. On le jalouse, on l'appelle « Forestier ». Furieux, il s'en prend à sa femme qui lui a caché l'intimité de ses rapports avec son premier mari. Malheureux autant que maladroit, il se heurte au silence dédaigneux de Madeleine. Il cache alors son amertume et ses rancœurs, certain mépris pour sa femme et conclut : « Toutes les femmes sont des filles [...] Le monde est aux forts. Il faut être fort. Il faut être au-dessus de tout » (p. 270).

Chapitre III : le salon de Madame du Roy de Cantel

Dans le salon de sa femme, Du Roy revoit Mme de Marelle, Mme Walter et ses filles. Toujours ulcéré par l'attitude énigmatique de Madeleine, il se montre affable avec son ancienne maîtresse qui a de nouveau pardonné et il s'intéresse à Suzanne dont il détaille les attraits de « frêle poupée blonde » : « Si c'était vrai, pourtant, que j'eusse pu épouser Suzanne ? » (p. 275).

Lors d'un assaut d'armes organisé par son collègue Jacques Rival, Bel-Ami, non content de rentrer en grâce auprès de Mme de Marelle, entend séduire Mme Walter. Il se fait charmeur, irrésistible dans son rôle d'accompagnateur patient et plein d'attentions sympathiques. Cependant que Madeleine lui fait part d'une nouvelle campagne à mener contre le ministère et sa politique coloniale d'intervention en Tunisie, Bel-Ami l'écoute à peine. Il poursuit son ascension amoureuse et obtient de Mme Walter un premier rendez-vous à l'église de la Trinité.

Madeleine, qui a invité à dîner les épouses des hommes politiques associés à son action, reçoit de son amie Mme de Marelle le plus agréable des compliments : « C'était parfait, ton dîner. Tu auras dans quelque temps le premier salon politique de Paris » (p. 295).

Chapitre IV : les événements se précipitent

Dans l'église de la Trinité, Bel-Ami se fait pressant, parle d'amour à une femme sans défense, bouleversée et que gagne l'affolement à la pensée du péché qu'elle va commettre. Elle se confesse, retrouve quelque force pour éloigner encore le trop brillant séducteur. L'homme n'insiste pas : il sait qu'en amour il ne faut pas brusquer les choses ; son heure viendra.

Au journal, c'est le branle-bas de combat : la campagne de presse orchestrée par le couple Du Roy a fait tomber le ministère. Laroche-Mathieu devient ministre des Affaires étrangères dans le nouveau cabinet et Walter demande à son rédacteur une grande chronique sur « notre colonie africaine » : ce sera « De Tunis à Tanger ». Madeleine félicite son mari et souligne les prolongements d'une affaire si bien commencée.

Madame Walter cesse toute résistance et se laisse conduire dans la garçonnière de Bel-Ami.

Chapitre V :
les dessous de la politique
et les surprises de l'amour

Les affaires du Maroc s'enveniment : on parle d'une nouvelle expédition. Elle serait organisée par Laroche-Mathieu, par Du Roy, son « porte-voix », et relèverait de ceux qui règnent dans le salon de Madeleine Forestier. Ceux-là règnent aussi sur *La Vie Française*, le journal de Walter qui « avait gagné une importance considérable à ses attaches connues avec le Pouvoir » (p. 313). Or, Laroche-Mathieu entend laisser croire que l'expédition n'aura pas lieu. À Duroy, il précise, de façon claire : « Faites que le public lise bien entre les lignes que nous n'irons pas nous fourrer dans cette aventure » (p. 315-316).

Ainsi Laroche-Mathieu a trompé Bel-Ami. Mme Walter, de façon innocente, fait mesurer à l'arriviste l'étendue de sa naïveté en précisant le mécanisme de l'opération boursière : « L'expédition de Tanger était décidée [...] ; et, peu à peu, ils ont racheté tout l'emprunt du Maroc qui était tombé à soixante-quatre ou cinq francs. Ils l'ont racheté très habilement... » (p. 325). Une affaire d'or[1].

Bel-Ami, qui jure de se venger, accepte d'acheter de l'emprunt avec l'argent que lui prête Mme Walter qui croit ainsi réveiller les ardeurs de son amant. En fait, cette nouvelle liaison a déçu l'ambitieux, inconstant et sans scrupules.

---

1. Maupassant transpose sur le Maroc le mécanisme des spéculations financières qui ont servi de point de départ aux transactions et campagnes menées en Tunisie, en Égypte (mais sans succès), en Extrême-Orient au cours des années 1881-1885.

La Régence de Tunis, sous l'autorité incertaine du bey, est au bord de la faillite. Son endettement chronique l'a menée à la banqueroute que sanctionne le Congrès de Berlin (1878) qui a reconnu les intérêts de la France. En 1881, le traité du Bardo institue le protectorat français.

Il apparaît que le mécanisme des interventions françaises reste subtil. On lance une campagne de presse qui fait état de nos intérêts financiers, gravement lésés. L'intervention devient logique : des troupes sont envoyées mais de façon ponctuelle : la Bourse fléchit. Alors on termine heureusement la campagne et la Bourse remonte. Les initiés se sont enrichis. Quant aux autres... C'est la leçon même de la campagne du Maroc, dans *Bel-Ami*.

Il préfère la verve de la jeune Suzanne Walter et, plus encore, « l'affection » spontanée et drôle de Mme de Marelle, une femme de sa « race », celle des « vagabonds de la vie » (p. 321).

Les événements vont vite : Vaudrec, l'homme de l'ombre, est au plus mal. Il va mourir et, sans pudeur, Bel-Ami s'inquiète de sa fortune, de ses héritiers. Madeleine, gênée, admet qu'il est riche : un, deux millions peut-être.

Chapitre VI : l'héritage Vaudrec

Du Roy s'interroge : « C'est bien étonnant [...] que Vaudrec ne *nous* ait rien laissé » (p. 337). C'est un étonnement de courte durée puisque le notaire fait savoir à Mme Du Roy qu'elle est seule légataire de la fortune du mort : onze cent mille francs. Bel-Ami, exclu du testament, sent sa jalousie renaître : un tel testament est inacceptable.

Harcelée, Madeleine, toujours maîtresse d'elle-même, accepte – la loi exige, à l'époque, pour toute donation, la signature du mari – un partage de la fortune. Le temps d'un cadeau offert à sa femme, d'un dîner avec Monsieur et Madame de Marelle et le couple, réuni dans le même orgueil, contemple, dans la glace qui renvoie leurs images, les « millionnaires » qu'ils sont devenus (p. 348).

Chapitre VII : le triomphe du banquier Walter

La conquête du Maroc est achevée. La garantie de la dette a rapporté 50 millions à Walter qui est devenu l'un « des maîtres du monde » (p. 349). Pour montrer sa toute-puissance, il invite Paris dans ses salons et Bel-Ami, ravagé par l'envie, grogne.

Mme Walter use ses dernières forces auprès de Bel-Ami qui la repousse avec brutalité. Désormais, seule Suzanne fait partie du jeu de l'ambitieux arriviste. Il guide la jeune fille à travers la foule qui a répondu à l'invitation de Walter. Le mécène a désiré faire admirer le tableau d'un maître, *Jésus marchant sur les flots*. Dans la foule, Du Roy a surpris sa femme au bras de Laroche-Mathieu : sa colère envieuse se double de jalousie. La Légion d'honneur que lui remet

Madeleine au nom du ministre ne saurait apaiser ses rancœurs : il prépare sa revanche.

Chapitre VIII :
Bel-Ami abat ses cartes

Du Roy est devenu l'hôte assidu des Walter et se montre
plein d'attentions passionnées pour Suzanne. Il ose lui parler d'avenir à demi-mot. Alors il fait prendre Laroche-Mathieu
et Madeleine en flagrant délit d'adultère et s'en va annoncer
triomphalement son divorce prochain à son patron. La Presse
se chargera – au prix d'un écho bien tourné – de « jeter bas
le ministre ». Walter, médusé par tant d'aplomb et de réalisme, se rend compte que « le ministre est foutu » (p. 384).

On ne saurait pardonner aux ministres maladroits qui tra-
hissent ainsi la morale et les règles du bon ton. Walter le sait
qui se range aux conclusions de Bel-Ami : « On ne peut pas
le repêcher. *La Vie Française* n'a plus d'intérêt à le ména-
ger » (p. 386).

Chapitre IX :
le triomphe de Bel-Ami

Les mois qui suivent vont assurer la réussite complète de
Du Roy : il « enlève » Suzanne, pleine de visions romantiques,
et met ses parents dans l'obligation d'accepter leur prochain
mariage. Mme Walter a perdu son dernier combat et
s'enferme dans sa douleur, aux bornes de la folie.

Chapitre X : la consécration

Bel-Ami continue à bousculer tous les obstacles sur la voie
triomphale qu'il s'est choisie. Madame de Marelle, ivre de
douleur, doit une nouvelle fois s'effacer.

Walter fait annoncer dans son journal que « le baron Du
Roy de Cantel »[1] devient son rédacteur en chef et que son

---

1. Il peut sembler que Duroy s'affuble d'un grand titre de noblesse
en marge de la loi. Mais, ce qui est vrai dans le principe, ne l'est
plus dans la réalité où de tels accommodements étaient monnaie
courante. Maupassant d'ailleurs semble s'amuser de ces pratiques
(p. 233).

mariage se fera avec toute la pompe réservée aux grands « fait[s] parisien[s] » (p. 407).

Ce jour-là, l'église de la Madeleine est envahie par les curieux. Tout concourt à la gloire de Bel-Ami : la puissance, la fortune, le monde parisien, le soleil, l'évêque, l'encens, les orgues. C'est un roi que l'on honore, celui que son « talent élève au-dessus des autres » (p. 413).

Cependant qu'on chuchote que Mme Forestier recommence dans un autre journal l'expérience tentée avec Bel-Ami – l'heureux élu s'appelle Jean Le Dol – le baron Du Roy de Cantel, nouveau Rastignac, songe qu'il va « faire un bond du portique de la Madeleine au portique du Palais-Bourbon » (p. 415).

C'est l'apothéose d'une irrésistible ascension qui s'ouvre sur la certitude des victoires essentielles : la réussite politique, la plénitude amoureuse quand passe « devant ses yeux éblouis [...] l'image de Mme de Marelle rajustant en face de la glace les petits cheveux frisés de ses tempes, toujours défaits au sortir du lit » (p. 415).

3 Temps et durée

CHRONOLOGIE ET STRUCTURE

Deux étapes inégalement distribuées dans le temps répondent à deux mouvements soulignant l'ascension de l'arriviste :
– une première étape (la première partie du roman) précise une succession de petites réussites significatives. Elle conduit Duroy, au long de huit chapitres et de huit mois, du triste sous-officier errant sur le boulevard au chef des *Échos* d'un grand journal, à l'habile chroniqueur déjà chargé de papiers politiques ;
– une seconde partie, en dix chapitres, accompagne, durant deux ans et demi, le héros vers la réussite absolue. Cette réussite s'impose, au rythme plus lent – logique oblige – d'événements de plus en plus importants.

Le rapport entre la durée de ces deux étapes traduit un relatif déséquilibre. Ce déséquilibre s'explique sans peine par l'état d'esprit d'un personnage pressé puis conscient d'avoir à composer avec le temps avant de le brusquer de nouveau. Duroy commence par se faire une place dans le journal en ne négligeant aucune occasion d'assurer sa progression. Il faut tenir compte de la relative facilité de ses conquêtes féminines, de la chance et d'une audace que décuple sa soif d'arriver. Dans la seconde partie, Duroy, devenu Du Roy de Cantel, journaliste installé, prend le temps de saisir les occasions qui s'offrent à lui. L'homme d'expérience sait attendre le moment favorable, l'occasion qui lui fera gravir les plus hautes marches de la réussite, à son rythme.

De la même façon on peut découvrir, dans le tableau chronologique ci-contre, des séquences temporelles très inégales en durée. S'il est possible, le plus souvent, de dater les événements importants, certains chapitres s'y refusent.

Chap.	Indications temporelles	Durée	Nombre de pages
I.1	28 juin 1880	un après-midi	18
I.2	29 juin 1880	une soirée	16
I.3	30 juin 1880	une journée	20
I.4	juillet-août 1880	2 mois	17
I.5	fin août/déc. 1880	3 mois et demi	43
I.6	déc. 1880/fin janv. 1881	un mois et demi	35
I.7	février 1881	une journée	22
I.8	fin février 1881	quelques jours	26
II.1	avril 1881-mai 1882	13 mois	26
II.2	mi-mai, juin 1882	un mois et demi	17
II.3	juillet 1882	plusieurs jours	24
II.4	28 et 29 juillet 1882	deux journées	16
II.5	l'automne/ un jour d'oct. 1882	quelques jours en octobre	25
II.6	automne 1882	temps indéterminé	10
II.7	30 déc. 1882- 1er janv. 1883	trois journées	22
II.8	fin mars/5-6 avril 1883	quelques jours	16
II.9	juillet 1883	quelques jours	16
II.10	16 août-20 oct. 1883	deux mois	13

Définir de manière trop minutieuse un calendrier aurait pu gêner la progression psychologique de l'histoire. D'où ces notations temporelles exactes ou moins exactes : « On était au 28 juin » (p. 29) ; « le lendemain » (p. 46) ; « Deux mois s'étaient écoulés » (p. 102) ; « Février touchait à sa fin » (p. 202), etc.

▬▬▬ LES ÉTAPES DE L'ASCENSION

Si l'on mesure le chemin parcouru par Duroy, on est amené à conclure au caractère irrésistible d'une ascension : le 28 juin 1880, Georges Duroy, perdu dans la foule des promeneurs anonymes, marche sur le Boulevard sans un sou en poche ; le 20 octobre 1883, devenu baron Du Roy de Cantel, il se marie en grande pompe (p. 406 et suivantes), riche à millions, futur député, futur ministre. À ceux qui verraient quelque invraisemblance dans ce parcours, Maupassant a répondu : « C'est par les femmes seules qu'il arrive [...] Il traverse toutes les spécialités du journal sans s'arrêter, car il monte à la fortune sans s'attarder sur les marches » (*Aux critiques de Bel-Ami*, juin 1885).

Une construction par plans hiérarchisés

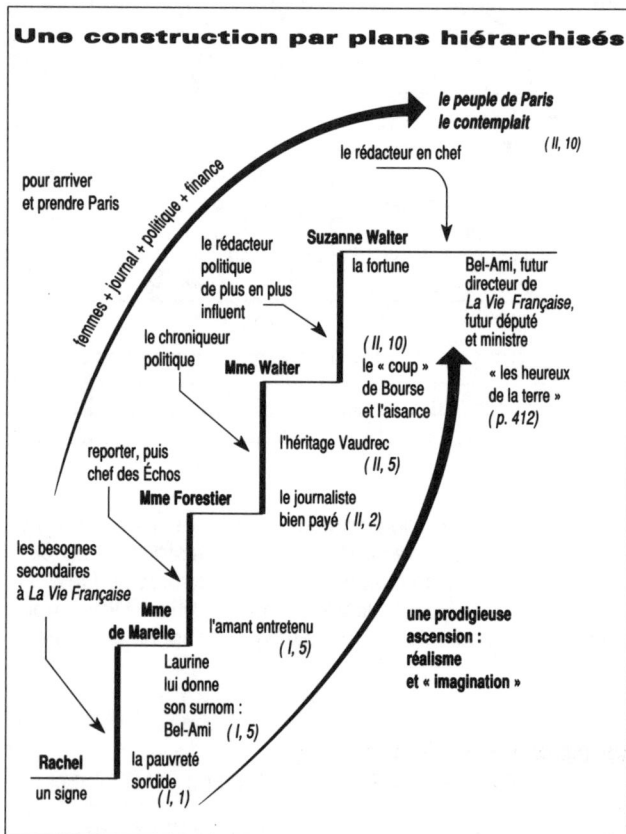

le peuple de Paris le contemplait (II, 10)

le rédacteur en chef

pour arriver et prendre Paris

femmes + journal + politique + finance

le rédacteur politique de plus en plus influent

Suzanne Walter

la fortune

Bel-Ami, futur directeur de *La Vie Française*, futur député et ministre

le chroniqueur politique

Mme Walter

(II, 10) le « coup » de Bourse et l'aisance

« les heureux de la terre » (p. 412)

reporter, puis chef des Échos

l'héritage Vaudrec (II, 5)

Mme Forestier

le journaliste bien payé (II, 2)

les besognes secondaires à *La Vie Française*

Mme de Marelle

l'amant entretenu (I, 5)

une prodigieuse ascension : réalisme et « imagination »

Laurine lui donne son surnom : Bel-Ami (I, 5)

Rachel un signe

la pauvreté sordide (I, 1)

Les progrès sont significatifs : le 30 juin 1880, Duroy est ~~eng~~agé comme reporter bouche-trou à *La Vie Française* ; ~~octo~~bre, il est devenu chef des Échos ; en avril 1881, il accède au poste de rédacteur en lieu et place de celui qui l'avait lancé ; en juin 1882, il ajoute à ses fonctions de chroniqueur-rédacteur celles de rédacteur politique qui voit s'arrondir largement ses fins de mois ; à la fin de l'année, il se trouve en possession d'un bel héritage qu'il complète par un jeu de spéculations juteuses ; en avril 1883, il fait tomber le ministre qui avait voulu l'ignorer, sinon le tromper. Il épouse alors la fille du patron, chargé de gloire, de mérite, de toutes les fortunes.

Un besoin – quasi forcené – d'aller de l'avant, toujours, s'exprime à chaque page, souligné par le héros lui-même ou par ceux qui l'aident à réaliser ses desseins. Tout est ici placé sous le signe du temps qui passe vite et, constamment, s'accélère : « Comme il serait fort, avec elle, et redoutable ! Comme il pourrait aller vite et loin, et sûrement » (I, 8, p. 219).

■■■■■ LE RYTHME DES SAISONS

Mais le temps ne reflète pas toujours la progression fulgurante de l'arriviste. Il est souvent vécu au rythme des saisons et de leurs influences complexes et contrastées.

Au début du roman, Duroy est tenaillé par « une soif chaude, une soif de soir d'été » (p. 31) qui lui fait paraître sa situation plus odieuse encore. Aux chapitres 7 et 8 de cette même partie, Duroy doit faire face à l'imprévu d'un duel absurde alors « que le temps s'était remis au froid » : il a peur de la mort et cette peur s'accompagne de ce « froid glacial » de l'hiver qui « lui mord[it] la chair de la tête aux pieds » (I, 7, p. 190). Le temps du mariage avec Mme Forestier est celui du printemps, « au commencement de mai » (p. 229) : le départ des nouveaux époux, dans l'allégresse commune, est placé sous l'heureuse complicité « d'un puissant soleil ». Pour le mariage du nouveau « baron » avec Suzanne, l'automne offre ses plus belles couleurs : « un jour clair d'automne », « un flot de soleil » inonde et accompagne la réussite absolue de l'arriviste (p. 407).

Le temps s'inscrit ici, au-delà des indications chiffrées, dans son écoulement poétique, ponctué par les influences saisonnières qui lui donnent, à chaque moment, une couleur différente, gaie, allègre ou triste suivant la situation.

4 Les lieux dans Bel-Ami

■■■■■ PARIS

Une ville fascinante

Paris, la toile de fond du roman, est une ville en pleine prospérité, une ville riche qui exprime bien haut ses appétits de puissance et de jouissance. Les hommes qui modèlent son visage sont des arrivistes sans scrupules. Ils utilisent, pour paraître et s'imposer, tous les trafics et toutes les facilités qu'autorise le règne du plus fort et du plus malin. Maupassant a connu la vie étroite du jeune provincial épris d'indépendance, puis celle de l'écrivain néophyte apprenant durement son métier. Il a rêvé tout haut, comme le héros du conte *Une Soirée* : « Quelle vie on pourrait mener dans cette ville, au milieu des artistes ! Heureux les élus... »[1]

Paris n'a jamais cessé d'exercer une étrange fascination sur les hommes qui y vivent et sur tous ceux qui souhaitent y vivre. Vivre à Paris, c'est un rêve, une revanche, ou un impérieux besoin. Déjà Dorante, le héros du *Menteur* de Corneille, débarque « dedans les Tuileries » et s'enquiert de la meilleure façon de « gouverner les dames » dans une ville où l'air est plus « doux » qu'ailleurs. La tradition ne sera pas perdue et ne fera que prendre plus de force au XVIIIe siècle et au début du XIXe. Paris installera alors, en face de l'Europe inquiète, sa toute-puissance financière, militaire, économique.

Le Paris de Maupassant et celui de Bel-Ami

Paris est une ville dynamique, en pleine expansion, prospère, ambitieuse, traversée des courants de pensée les plus divers.

---

1. Maupassant, *Contes et Nouvelles*, « Bibliothèque de la Pléiade », éd. Gallimard, t. I, p. 987.

Après la chute du Second Empire (1870), les débuts de la IIIe République vont montrer une nouvelle société, mobile et diverse, en train de se constituer, à l'image de sa capitale. Rues, boulevards, théâtres, restaurants, lieux où l'on vit et travaille, prennent le visage du plaisir, de la facilité, de l'aisance. Il devient facile, grâce aux nouveaux pouvoirs de l'argent, de devenir un « grand » du monde : il suffit de savoir s'enrichir dans les « affaires » – plus ou moins douteuses – et de le montrer. Mais ces pouvoirs sont fragiles tant sont fortes les jalousies et déterminés les concurrents sans scrupules.

Ce Paris-là est nettement dessiné : c'est celui de Bel-Ami devenu Du Roy de Cantel qui oriente ses promenades et ses goûts vers les grandes percées toutes neuves et les nouveaux quartiers parisiens (le boulevard Malesherbes date de 1861, celui des Batignolles existe depuis 1866). Ce Paris de la rive droite, très cloisonné, étale sa richesse à tous les regards.

Bel-Ami est chez lui dans le cœur des affaires et du plaisir, dans ce coin de ville où il fait bon déambuler (le boulevard), se montrer (dans les cafés, dans les théâtres, au restaurant, au Bois de Boulogne), dans ce coin de « village » où les bourgeois riches vivent entre eux.

Maupassant, comme son héros, a connu d'autres quartiers mais il s'en échappera très vite pour gagner le Paris du demi-monde, le Paris de la banque et du journal, le Paris des artistes lové au cœur des 7e, 8e, 9e et 17e arrondissements et la trouée du Bois de Boulogne.

Du boulevard Poissonnière où s'est installé le journal de Walter à la rue Boursault, Duroy fait le même trajet que Maupassant du *Gaulois* à ses premiers appartements du 9e. Et quand Du Roy habitera le Faubourg Saint-Honoré, le romancier se sera déjà installé rue Boccador, dans le même quartier.

Maupassant pourra regarder du côté de la Chambre des députés et fréquenter, dans les grands hôtels particuliers du 17e, une société plus financière qu'aristocratique, chez Madame Cahen d'Anvers, chez Marie Kahn, chez la comtesse Potocka... Il s'encanaille dans les clubs ou les cafés-concerts, dans les rues proches du boulevard. Puis il revient dans le 17e retrouver ses amis : les peintres parisiens Detaille et Roll, Gervex, Raffaëlli et Lhermite.

Une si profonde connaissance de Paris explique la précision du principal décor de *Bel-Ami*, une toile de fond, un cadre, non pas immuable mais divers, changeant au rythme du moment, du temps qui passe, et qui s'éclaire au fur et à mesure de l'ascension progressive du héros.

Dans le roman   **Dans la vie**

le rédacteur en chef → à partir du 30 avril 1890,
rue du Faubourg-Saint-Honoré   24, rue Boccacor
(p. 350)

                                    novembre 1889 - 30 avril 18890 :
                                    14, avenue Victor Hugo
le rédacteur politique →   **l'homme arrivé**
rue Fontaine
(p. 256)   1884-1889 : l'hôtel du 10 rue Montchanin,
                                    (rue Jacques Bingen)
                                    l'homme qui arrive

                                    1880-1884 : après *Boule-de-suif*,
                                    le petit appartement au 83 de la rue Dulong
le chef des Échos →
rue de Constantinople
(p. 227)   1876-1880 : 17, rue de Clauzel
le bureaucrate →   **l'homme aux abois**
la maison
de la rue Boursault   1870-1876 : un rez-de-chaussée minable,
(p. 63)   7, rue Moncey

DUROY - BEL-AMI   **MAUPASSANT**

Du Paris de l'extérieur au Paris de l'intérieur

Du Roy-Bel-Ami a découvert les lieux où l'on peut rêver en toute liberté : son même regard surpris pénètre dans chaque maison, dans chaque hôtel où il fait bon vivre. Oubliée la petite chambre qui sent « la misère en garni de Paris » (I, 3, p. 65) avec sa crasse, ses odeurs nauséabondes dans un décor à la Zola de trains bruyants et inquiétants ; c'est bientôt l'appartement de Mme Forestier, son reflet désirable qui « plaisait, mettait autour du corps quelque chose comme une caresse » (I, 3) ; c'est le laisser-aller de l'appartement de Mme de Marelle (I, 5). Quant à l'hôtel des Walter, il a grand air (I, 6) avec ses salons illuminés et ses galeries de tableaux : tout pour l'apparat écrasant du richissime parvenu. C'est la demeure de l'un des « maîtres du monde » en son Faubourg Saint-Honoré avec ses « cinq salons [...] tendus d'étoffes précieuses » (II, 7, p. 354), et « un large jardin d'hiver plein de grands arbres des pays chauds » (II, 7, p. 357).

■■■■ L'APPEL DE L'AILLEURS

La campagne normande

Elle peuple les souvenirs de l'écrivain qui cède à ses racines (I, 3, p. 66 ; I, 6, p. 158-159 ; I, 7, p. 190), celles de la terre natale évoquée avec un bonheur constant. Comme son héros, « il gardait au cœur un intérêt pour les choses du village, pour les nouvelles des voisins et pour l'état des terres et des récoltes » (I, 6, p. 159).

Lors du voyage de noces des époux Duroy, Maupassant impose sa sensibilité esthétique, son goût d'une nature vivante décrite en tableaux impressionnistes qui s'estompent en saisies instinctives des lumières et des couleurs « sous la caresse pénétrante du soleil » (p. 245). Le lecteur s'enchante de glissements d'impressions, de « reflets », de « taches », d'infusions de « lueurs » qui « s'assombrissent » dans « la mélancolie du soir » et l'angoisse d'un univers tout en « palpitations » secrètes et inquiétantes.

Rouen est évoquée ici en gros plan, avec son peuple de clochers. C'est la ville déjà décrite et aimée par Flaubert avant que les peintres impressionnistes ne soient séduits à leur tour.

Le romancier, ici, l'homme du pays normand, parle plus haut que le narrateur et laisse deviner sa nature de poète.

Le soleil, la Méditerranée

Forestier, de plus en plus malade, a dû venir se réfugier au soleil du Midi : c'est la douloureuse agonie. Maupassant, au-delà des réactions affolées de Duroy, trouve ici l'occasion de décrire l'Estérel en peintre devant son chevalet, en peintre qu'impressionnent les lumières et les formes : « La côte semée de villas descendait jusqu'à la ville qui était couchée le long du rivage en demi-cercle [...] Elles avaient l'air, ces îles, de deux taches vertes, dans l'eau toute bleue » (I, 8, p. 205).

Mais cette infusion de la beauté se colore d'un amer pessimisme et d'une cruelle angoisse du néant. Bel-Ami se sent seul devant une nature splendide mais inquiétante. Il en évoque la magie dans une brutale complicité, sans analyse intellectuelle ou commentaire extérieur.

Quand l'écrivain ajoute son regard à celui de son personnage, il dévoile sa profonde sensibilité aux choses de la nature mais aussi sa peur exacerbée de la mort, et son constat douloureux du non-sens de la vie.

5 Les personnages masculins dans Bel-Ami

■■■■ LE PERSONNAGE DE DUROY - BEL-AMI

Georges Duroy n'est d'abord qu'un petit sous-officier sans le sou et qui a soif : soif de boire un bock sur le boulevard accablé de chaleur, soif de mener à bien une chasse éperdue vers la richesse et le pouvoir. Il possède quelques atouts maîtres : il est joli garçon et s'en assure à l'occasion devant les miroirs qu'il rencontre ; il a du succès auprès des femmes qui ne lui résistent guère (p. 44), et affiche, avec impudeur, un cynisme impitoyable.

L'une des raisons d'être du personnage est l'envie ou, si l'on préfère, l'ambition : l'envie d'arriver, quels que soient les moyens, l'envie d'être riche et puissant, l'envie de s'égaler à l'autre et même de le dépasser, sur son propre terrain.

Bel-Ami, le chasseur

Vouloir posséder, razzier, – comme le soldat en campagne (I, 1) – c'est bien, mais l'exercice est difficile. Georges Duroy doit tenir compte de ses connaissances qui sont médiocres et de sa veulerie naturelle qui le condamnent à l'envie gratuite et à la rage impuissante. Les prestiges de « sa moustache » frisée (p. 29) ne sauraient suffire à lui assurer le succès. Il faut partir en chasse, avoir la bonne fortune de rencontrer l'ami qui lève les premiers obstacles et précise les impératifs de la réussite : les femmes et le journal.

Le chasseur de femmes brûle les étapes : Rachel, la prostituée, est le signal d'une ouverture facile ; Madame de Marelle est prise à son tour, une femme de la même « race » que le héros, celle des « bohèmes des grandes routes », une maîtresse parfaite. Madame Forestier donne accès à tous les pouvoirs du journal encore qu'elle entende jouer d'égale à égal, de puissance à puissance. Mme Walter, la femme du patron, la « vieille maîtresse acharnée », initie Bel-Ami aux secrets trop bien gardés de la politique et sa fille, Suzanne, est la récompense princière vers la réussite absolue.

Bel-Ami, le conquérant

Il n'y a pas de victoires faciles, il n'y a que des victoires plus ou moins chèrement acquises. Celle de Duroy, devenu Du Roy, puis Du Roy de Cantel, bientôt baron, est de celles-là. Maupassant a pris soin de baliser chacune des étapes d'une ascension qui peut sembler facile mais non sans obstacles. Bel-Ami en sort vainqueur par son obstination, sa volonté d'arriver, la permanence de ses désirs. Le pâle écrivaillon d'hier, le reporter bouche-trou devient un dangereux rédacteur dont la plume musèle les plus forts en utilisant « l'art des sous-entendus perfides qu'il avait appris en aiguisant des échos » (p. 258-259). Il est devenu un professionnel avisé qui établit ses pouvoirs dans une société minée de l'intérieur, dégradée autant par la vulgarité de ses pratiques que par une médiocrité générale. Tout devient facile pour celui qui « trompe », « exploite », prend « du plaisir et de l'argent partout » (p. 404). Et, de réussite féminine en affaire louche mais juteuse, Bel-Ami s'achemine vers la plus glorieuse des réussites (p. 414). Au demeurant, cette ascension irrésistible est suffisamment dosée pour laisser au caractère le temps de se durcir, aux diverses métamorphoses le temps de s'épanouir dans une durée aussi riche que complexe.

Et c'est bien cet irrésistible mouvement, fortifié par la cupidité, qui porte le héros aux sommets de l'arrivisme. Alors lui apparaît toute l'importance du pouvoir et de la richesse comme moyen de figurer parmi les puissants de la terre.

Bel-Ami, un homme de son temps

La réussite, dans le cas de Bel-Ami, nous intéresse d'autant qu'elle doit beaucoup au milieu social, moral et politique d'une époque. Ce milieu, Maupassant, le journaliste au *Gaulois*, au *Gil-Blas* — les deux quotidiens les plus importants du moment —, l'a étudié de l'intérieur. Le personnage de Bel-Ami, saisi dans un contexte vivant, devient un type social qui reflète les mœurs, les codes d'une société donnée.

C'est ainsi qu'au travers du regard de l'arriviste, c'est tout un univers, celui de la décadence, qui s'inscrit en clair. Ce Paris nous est révélé avec ses habitudes et ses plaisirs, fortement érotisés. Les « affaires » qui ont marqué la ville, le romancier les a vécues et décrites dans ses articles avant de les restituer dans le roman. Il a suivi de très près les secousses nées du krach de l'*Union Générale*[1] en 1881-1882 : elles ont enrichi ceux qui jouèrent à la hausse, ces financiers habitués « à voir machiner les coups de bourse », mais elles ont ruiné, au moment de la baisse des actions, ceux « qui ont placé leurs économies sur des fonds garantis par des noms d'hommes honorés, respectés, hommes politiques ou hommes de banque » (p. 325).

Le personnage de Bel-Ami, de la même façon, va s'installer au cœur de la politique coloniale menée par Gambetta et Jules Ferry dans les années 1880, celle d'un gouvernement affairiste, opportuniste.

Bel-Ami et Maupassant

Si Maupassant n'a pas voulu se peindre dans ses moindres détails à chaque page de son roman, force nous est de constater maintes similitudes entre l'écrivain et son personnage.

Bel-Ami pénètre dans la vie sociale comme Maupassant : il se débarrasse de son enfermement de bureaucrate avec quelque fracas puis connaît les douleurs de la feuille blanche quand « rien ne vient » (p. 69). Il va progresser cependant à pas de géant et devenir « un rédacteur politique adroit et perspicace » (p. 179). Sa plume, comme celle de

1. Au mois de juin 1878, un banquier du nom de Bontoux crée l'*Union Générale* avec les économies des milieux catholiques. C'était se dresser contre la grande banque Rothschild, protestante, juive et républicaine. Bontoux d'abord triomphe et voit ses actions prospérer à une cadence accélérée qui inquiète la banque concurrente et le gouvernement lui-même. Les Rothschild se portent alors acquéreurs de quantités considérables d'actions Bontoux. Au moment où les titres flambent – 125 F au départ, 3 200 F à la veille du krach – les Rothschild jettent leurs actions sur le marché : les cours s'effondrent et Bontoux doit cesser ses paiements.

son créateur, sera appréciée et ses articles se vendront cher, très cher.

La réussite de Bel-Ami ressemble à celle de Maupassant, avec des moyens semblables : journaliste, il accélère sa promotion sociale ; amateur de femmes et parfait séducteur, il sait les utiliser à son profit suivant une progression calculée. La même ambition les anime.

Duroy devient tout à fait Maupassant quand il tente d'écrire ses articles sur l'Algérie, quand il rejoint Mme Forestier à Cannes et qu'il décrit les inquiétantes beautés de l'Estérel (p. 205) et, plus tard, lorsqu'il emmène sa femme dans une Normandie familière (p. 245). Il l'est plus encore quand la peur l'envahit au spectacle de l'agonie de Forestier ou que le double[1], fantôme halluciné, le terrorise : « Quand il aperçut son visage reflété dans le verre poli, il se reconnut à peine, et il lui sembla qu'il ne s'était jamais vu » (I, 7, p. 189).

◾◾◾ LE PERSONNAGE DE FORESTIER

Un professeur d'arrivisme

Forestier, fort de sa situation bien assise au journal auprès du directeur – le pontifiant M. Walter –, se révèle d'abord comme un excellent maître, plein d'expérience. Ses conseils sont si sûrs, si absolus, qu'ils s'expriment en forme de proverbes : « Tout dépend de l'aplomb, ici [...] Il faut s'imposer et non pas demander » (I, 1, p. 35) ; « Ça n'est pas difficile de passer pour fort, va ; le tout est de ne pas se faire pincer en flagrant délit d'ignorance » (I, 1, p. 36) ; « il vaudrait mieux n'avoir pas de lit que pas d'habit » (I, 1, p. 39) ; « C'est encore par elles [les femmes] qu'on arrive le plus vite » (I, 1, p. 45).

De telles maximes de bon sens appellent leur réciproque. Forestier, qui voit juste et vite, a reconnu en Duroy un physique avantageux et un succès assuré en toutes matières.

---

1. Le double, c'est l'autre en soi. C'est un reflet de nous-même, d'abord impalpable, puis un être qui prend forme, se matérialise, existe. C'est le « sombre portrait vêtu de noir » des *Nuits* de Musset.

Et d'abord auprès des femmes : « Il faut soigner ça », dit-il, sentencieux toujours : « Ça peut te mener loin » (I, 1, p. 45).

Ces conseils vont constituer une brillante et prémonitoire exposition.

Une force en déclin

D'abord présenté comme une force tranquille, sûre d'elle-même et de ses oracles, le personnage va montrer très vite ses limites : celles d'une santé qui l'inquiète (« j'ai une poitrine de papier mâché [...] je tousse six mois sur douze », I, 1, p. 34) ; celles d'un caractère qui s'aigrit rapidement et celles d'un journaliste qui doit tout à sa femme. Saint-Potin, « un excellent reporter », avec ce franc-parler cruel qui caractérise le personnage, a tranché : « Quant à celui-là, il a de la chance d'avoir épousé sa femme, voilà tout » (I, 4, p. 92). Tatillon, sans envergure véritable, secondé par des marionnettes indociles, il est l'image d'une presse d'apparat, de clinquant, de poudre aux yeux. *La Vie Française* n'est qu'un bazar hétéroclite, cérémonieux à l'entrée, négligé à l'intérieur.

Comme Bel-Ami, Forestier évoque certain journalisme de l'époque, inféodé à l'argent et à la réclame, avec ses figures de proue : Scholl, Maizeroy, Mendès et quelques autres.

La mort en marche

Forestier, comme Maupassant, porte en lui ses ambiguïtés : la force et le doute, l'optimisme et le pessimisme, l'ivresse de la réussite et la peur de la mort. Ces traits de caractère sont garants d'une richesse certaine qui s'estompe dans le cas de Forestier, victime des mauvaises habitudes contractées dans un journal « tarte à la crème et boutique à treize » (p. 91) où l'on trouve de tout, pour tous les goûts, des idées pour tous les mondes. Mais on y chercherait en vain une pensée politique profonde, suivie, un réel désir d'informer le lecteur. Il est vrai qu'en ces domaines, Forestier, de plus en plus malade, laisse aller les événements et se contente de témoignages de seconde main, ceux que lui procure, non sans astuce, Saint-Potin (p. 90 et suivantes).

Un mariage fructueux mais sans amour, certaine grossièreté physique et morale de jouisseur impénitent, contribuent à son retrait au profit de sa femme. Il en conçoit de l'irritation, sachant trop bien ce qui se dit derrière son dos (p. 92).

Bientôt la peur de la mort – celle qu'a si longuement connue Maupassant – va participer de plus en plus sournoisement à la vie de Forestier. Il la sent proche comme Duroy en ses moments de panique. Des pages cruelles (p. 212 et suivantes) décriront le dernier combat, la douloureuse agonie : « Sauve-moi [...] ma chérie... Je ne veux pas mourir..., je ne veux pas mourir... Oh ! sauve-moi... » (p. 215).

Dans un climat de finitude – fin de jour, beauté du soleil couchant et signes contenus dans ce « rouge sanglant et doré » du ciel (p. 205) –, Forestier assiste, impuissant, à sa mort annoncée. Sans forces – « un geste fébrile et faible qui aurait voulu être un coup de poing » (p. 205-206), il ne pourra que crier son amertume, sa révolte, ses terribles regrets (p. 207). La fin de Forestier est un instantané pathétique de l'absurdité de toute existence injustement vouée au néant.

Homme d'expérience – Duroy profitera de ses meilleures leçons –, Forestier reste un faire-valoir, une marionnette dont la femme tire les ficelles, un homme malade qui n'aura su s'attribuer que des parcelles de pouvoir. Son mérite principal aura été de révéler à Bel-Ami la route de la réussite.

■■■■■ LE PÈRE WALTER

C'est le patron d'un journal corrompu, assoiffé de puissance politique et d'argent facilement gagné, sinon escroqué (II, 7). Toutes les occasions sont bonnes pour faire de juteuses « affaires » (p. 325), au prix de combinaisons machiavéliques. Saint-Potin, l'impudent reporter, le décrit : « Le patron ? Un vrai juif ! [...] Son journal [...] n'a été fondé que pour soutenir ses opérations de bourse et ses entreprises de toute sorte. Pour ça, il est très fort, et il gagne des millions au moyen de sociétés qui n'ont pas quatre sous de capital... » (p. 91). Il a sa « bande », « une demi-douzaine de députés intéressés dans toutes les spéculations que lançait ou que soutenait le directeur » (p. 156).

Ce personnage de tripoteur qui exploite tout le monde peut jouer la comédie de la morale et de l'honneur bafoués quand un de ses journalistes est attaqué par un journal adverse (I, 7).

Obsédé par l'argent et le profit, il peut aussi se montrer plus vaniteux que ses modèles, un Arthur Meyer, directeur au *Gaulois*, un Dumont, directeur au *Gil Blas*. Comme ce dernier, exposant sa collection dans les salons de son journal, il dit alors : « J'achète des jeunes en ce moment, des tout jeunes, et je les mets en réserve [...] en attendant le moment où les auteurs seront célèbres » (p. 163).

Sans rien connaître de la peinture, il joue les mécènes protecteurs d'un Art qu'il ignore tout en spéculant sur les avantages à en tirer, pour demain. C'est bien un malin qui « roule tout le monde », un gredin qui a le mérite d'accepter, en Bel-Ami, un gredin plus fort que lui : « C'est un homme d'avenir. Il sera député et ministre » (p. 398).

▬▬▬ LAROCHE-MATHIEU

Le personnage, sous des aspects falots et médiocres, est de toutes les compromissions, de toutes les intrigues boursières et de tous les scandales. Maupassant fait un portrait à peine caricatural de ce député : « homme politique à plusieurs faces, sans convictions, sans grands moyens [...] nature douteuse » (I, 2, p. 260-261), mais qui jouit d'une « autorité spéciale provenant d'une grande influence sur la Chambre » (p. 160).

C'est le type du politicien sans consistance, lui aussi tout dévoué aux puissances financières. Maupassant se plaît à le rabaisser d'un mot : « *assez* soigné, *assez* correct, *assez* familier, *assez* aimable pour réussir » (II, 2, p. 261). Il se présente, au demeurant, comme un personnage qui sait s'adapter aux circonstances du moment, un opportuniste qui deviendra ministre, cajolé par Mme Forestier : elle a préparé sa carrière dans la presse avant qu'il ne devienne son amant. Au fond, Laroche-Mathieu est un pantin sans envergure, un jouet entre les mains de Walter et de Madeleine, un maladroit qui tombera dans le piège du délit d'adultère tendu par plus malin que lui (p. 378 et suivantes).

■■■■■ NORBERT DE VARENNE...
ET LES AUTRES

Les personnages de journalistes secondaires apparaissent dès le début du roman : l'élégance de Rival et le négligé de Norbert de Varenne (I, 2), l'aisance du premier nommé et la gaucherie du second (p. 62). Peu à peu, on apprend que Saint-Potin, habile au bilboquet (voir ci-dessus, note 1, p. 50) et aux jeux de l'épate, est un malin qui a la langue bien pendue (p. 92). Il juge les autres sans indulgence : Norbert de Varenne, le poète, est un « vieux raté » ; Rival, l'homme d'épée, « une resucée de Fervacques » ou plutôt, d'après le manuscrit, du peu reluisant Aurélien Scholl. Et comme « l'excellent reporter » (p. 90) n'est pas avare d'images, il précise sa pensée : Norbert de Varenne est une « antique bedole », c'est-à-dire une sorte de vieille chose qui a trop servi, et Rival, un « Don Quichotte » (p. 91). Ainsi, il y a ceux qui, par leur prestance et leur savoir-faire, sont dans la ligne du directeur affairiste et ceux qui, comme Varenne ou Boisrenard, ont trop d'honnêteté et manquent de « maîtrise et de chic », de cette « rouerie native qu'il fallait pour pressentir chaque jour les idées secrètes du patron » (p. 155).

Tous pèchent par excès ou par défaut : ils ne savent pas, comme Bel-Ami, trouver le juste équilibre, celui qui mène à la réussite absolue.

À ce jeu, Norbert de Varenne, qui administre au bouillant Duroy un grave sermon sur la mort, la peur de vieillir et la dégradation des êtres, est le plus marginal. Mais c'est alors Maupassant qui dit ses obsessions (p. 168 et suivantes).

6 Les personnages féminins dans Bel-Ami

Les chroniques de Maupassant, les contes et les romans disent et répètent la préoccupation de l'écrivain pour la femme, son besoin de la femme : *Bel-Ami* n'en est que la remarquable illustration, la plus riche sans doute. Cinq femmes – dont une femme-enfant – lui font la courte échelle pour faciliter une ascension triomphale. Quatre d'entre elles vont se trouver réunies autour d'un premier dîner (I, 2, p. 47 et suivantes) qui impose, de façon prémonitoire, le succès à venir du personnage.

Il y a là Laurine, la fillette de Mme de Marelle qui apprécie « l'amabilité » du jeune homme, Mme de Marelle qui coule vers son voisin de table « un de ces clairs regards de femme qui pénètrent jusqu'au cœur », Mme Forestier qui couvre Duroy « d'un regard protecteur [...] qui semblait dire : Toi, tu arriveras », et Mme Walter, émue, qui sollicite du futur journaliste un premier article. La partie est déjà gagnée et l'apprenti-arriviste a remporté, sans peine, une première bataille : il est « gris de triomphe » (I, 2, p. 57).

La réussite de Georges Duroy est ainsi tracée : il devra tout aux femmes. C'est la leçon, celle de Maupassant, que précise Forestier, estimant à sa juste valeur le succès de son ami face à Rachel, la prostituée des Folies-Bergère : « Dis donc, mon vieux, sais-tu que tu as vraiment du succès auprès des femmes ? Il faut soigner ça. Ça peut te mener loin [...] C'est encore par elles qu'on arrive le plus vite » (I, 1, p. 45)[1].

---

1. *Cf.* p. 35.

■■■■ RACHEL

Elle fait partie du bataillon des femmes faciles, expertes en l'art d'aimer, que Maizeroy (*cf.* p. 35) décrivait dans son roman préfacé par Maupassant, *Celles qui osent*.

Oser lui est facile : c'est son métier. Elle l'accomplit par habitude et selon les plus mauvaises recettes en usage dans la profession : vulgarité dans la tenue, grossièreté dans le langage (p. 141), absence de tout scrupule moral et social. Elle est à l'image d'une époque et plus encore d'un quartier, d'un lieu – les *Folies-Bergère* – où le plaisir s'achète comme une marchandise (p. 46).

■■■■ MADAME DE MARELLE

Ce qui frappe d'abord dans le portrait de Mme de Marelle, c'est une « gorge ronde » qui séduit l'homme à femmes, une main qui se pose « sur son bras » et le trouble. Plus tard, elle se présente en robe « qui moulait sa taille, ses hanches, sa gorge, ses bras d'une façon provocante et coquette » (p. 108) ; elle s'offre à Duroy qui « se jeta sur elle, cherchant la bouche avec ses lèvres et la chair nue avec ses mains » (p. 116). Victoire facile pour l'homme, transporté de joie, et qui pourra désormais compter sur la permanence d'un désir jamais assouvi.

Une charmante maîtresse

Cette brutalité de la pulsion amoureuse chez la bourgeoise mal mariée – un statut commun à beaucoup de femmes du temps – se nuance de quelques traits de caractère sympathiques : un « esprit drôle, gentil, inattendu [...] un scepticisme léger et bienveillant » (I, 2), une « élégance soignée et raffinée » (I, 5), une générosité qui n'est guère payée de retour (I, 5, p. 137 et sv.).

Elle se montre bohème, sans doute, amorale, sûrement, mais point vulgaire. Maupassant a beaucoup de sympathie pour ce personnage « semant en chaque phrase cet esprit facile » qui tempère avec bonheur son « audace naturelle » (p. 114). Il n'a rien négligé pour lui donner relief et complexité, tant il est vrai que Mme de Marelle est beaucoup mieux qu'une maîtresse sensuelle, avide des seuls plaisirs de la chair et de la perversité. Dans un milieu dépravé, dur aux faibles et aux maladroits, elle utilise avec virtuosité les armes d'un pouvoir qu'elle sait grand.

Jolie plutôt que belle, avenante et gaie, elle possède le charme, la fantaisie et le mystère. Il y a en elle un curieux mélange d'expérience et de naïveté, d'entrain primesautier et de bon sens grave qui plaît aux hommes et les attire. Cette femme vit en marge, reçoit ses amis au restaurant et conduit son destin dans le sens d'une liberté totale. Point de vie de famille – c'est la marque du temps –, mais, dans les limites d'un caractère tout entier nature, une ardeur, une complaisance pour l'être aimé qui ne laissent pas d'étonner et de confondre. À côté des froids calculs de l'arriviste, de son cynisme, Mme de Marelle se montre sincère, d'une grande franchise, toujours tendre, affectueuse, passionnée.

On peut lui reprocher de rester fidèle à un personnage souvent méprisable mais elle réussit ce miracle, par la seule puissance de son amour et de sa féminité, de transformer l'homme, peu à peu. À son contact, il apprend son métier, perd sa raideur paysanne, découvre le prix de l'inspiration débridée ou simplement drôle si bien que ce qui n'était qu'attachement sensuel, devient, à son insu, amour plus sincère (p. 274).

Rien d'étonnant, dès lors, à ce que la dernière vision du roman, à côté du rêve de gloire triomphante de l'arriviste, impose l'image de cette gentille maîtresse « rajustant en face de la glace les petits cheveux frisés de ses tempes, toujours défaits au sortir du lit » (p. 415).

Une indulgente maîtresse

Cette éducatrice sentimentale renvoie au type de la femme ordinaire qui sait aimer (I, 5, p. 135), qui peut souffrir (I, 5, p. 141), qui veut pardonner, « l'œil plein de gaieté et d'affection » (I, 6, p. 164), et pardonner encore (II, 3, p. 276 ; II, 10, p. 415).

Cette indulgente maîtresse, ivre de toutes les libertés, a su, comme lady Arabelle[1], mettre du poivre, du piment pour

---

1. Personnage du *Lys dans la vallée*, de Balzac.

la « peinture du cœur ». Elle a su contenter « les instincts, les organes, les appétits, les vices et les vertus de la matière subtile dont nous sommes faits[1] ». Ce n'est pas une maîtresse de race, compliquée et hautaine, mais une femme qui veut vivre, profiter de tous les plaisirs que la société permet. Elle veut aimer de toute la force d'une passion qui s'exacerbe dans les difficultés mille fois répétées, mille fois vaincues.

Maupassant, qui a pris grand plaisir à peindre le personnage, avec sa mutinerie et sa gouaille bien parisienne, a composé le portrait de la femme selon son cœur. C'est là une de ces « gamines » qui gravitait autour de la réputation naissante de l'écrivain. Est-ce Clémence Brun, la tendre amie d'Étretat, qui veillait scrupuleusement sur l'œuvre et sur l'homme ? Mme Lecomte du Nouy, complice de maintes « escapades » dans des caboulots populaires ou l'une de ces mystérieuses inspiratrices, maîtresses du corps et de l'esprit ? C'est une femme du temps, en tout cas, une autre espèce de femmes parmi « celles qui osent ». Digne émule de son amie Madeleine, elle entend revendiquer une totale liberté de mœurs qui étonne et trouble Bel-Ami : « Non, j'aime mieux ne pas faire la connaissance de ton mari. Elle insista, fort étonnée [...] Mais pourquoi ? quelle drôle de chose ? Ça arrive tous les jours, ça ! » (I, 6, p. 175).

■■■■ MADAME FORESTIER

Mme Forestier dessine le personnage le plus moderne du roman : une femme qui attire, fascine, donne sans donner, pleine d'un mystère savamment entretenu par le romancier.

Une intrigante de haut vol

Bel-Ami, Mme de Marelle, Mme Forestier sont des « pirates modernes », des produits d'une même « race » que sépare le degré de culture et d'intelligence mais qui se reconnaissent d'instinct.

---

1. *Le Lys dans la vallée*, éd. Gallimard, « Bibliothèque de la Pléiade », VIII, p. 948.

Madeleine Forestier n'est d'abord qu'une femme un peu plus indépendante que les autres et qui déconcerte (I, 2). Séduisante, elle a de la grâce et une distinction qui étonne (I, 3, p. 77). Peu à peu, elle montrera une aisance incomparable, une autorité souveraine (I, 3, p. 72 et suivantes) et toujours ce même goût du secret qui tient les autres à distance. Qui est ce comte de Vaudrec entrevu par Duroy en un si mauvais moment ? (I, 3, p. 77). Son amant, sans doute, mais, plus encore, un homme instruit en politique et dont elle se sert. Bientôt, Bel-Ami aura devant lui une femme de tête, dictant ses conditions et traçant la route. Elle traverse les situations les plus pénibles sans se départir d'un calme et d'un sourire où la supériorité intellectuelle se teinte d'une ironie qui peut se montrer féroce (II, 4, p. 308 ; II, 5, p. 314 ; II, 8, p. 381).

Quelques moments de laisser-aller amoureux (I, 6, p. 148 ; I, 8, p. 203, p. 210) n'effacent pas la femme supérieure, la politicienne. Madeleine Forestier use de « sa cuirasse de charme et de grâce » pour obtenir les faveurs de ceux, parmi les plus puissants, qui serviront son ambition politique, sa réussite : Vaudrec, l'ami dévoué, lui laisse sa fortune ; Laroche-Mathieu, amant passager, lui permet d'amener dans son salon tous ceux qui touchent, de près ou de loin, à la vie politique de la nation. Mme Forestier est à l'image d'une société qui aime paraître et jouer, quand seuls comptent les résultats (p. 257, 289, 336). Du Roy, jaloux, admire et fait siennes les dures leçons de la femme « politicienne ».

Mme Forestier vit ainsi en complète harmonie avec un milieu qu'elle connaît et domine de tout le poids de sa distinction intellectuelle et de sa finesse politique. À ses côtés, Duroy, un peu trop rapidement devenu Du Roy de Cantel, n'est qu'un bon élève, encore mal dégrossi, et qui piaffe.

Féminin... Masculin...

Madeleine a posé ses conditions (I, 6). Elle s'y tient (I, 8, p. 224 et suivantes) et règle avec une sûreté d'homme d'affaires tous les détails financiers du ménage (p. 240). Imposant la tutelle de Laroche-Mathieu (p. 257), elle traite par le mépris cinglant les jalousies d'un mari maladroit et mesquin (p. 268, 289, 336) et par la dérision le constat d'adultère voulu par Du Roy (II, 8).

Si l'arriviste semble triompher en conquérant heureux au terme d'une ascension qu'il doit aux femmes et d'abord à Madame Forestier, le doute subsiste. L'homme a-t-il vraiment gagné son combat contre l'intelligence, la rouerie, le savoir-faire et les ressources cachées de la femme supérieure ? Elle a su dicter, concevoir, guider l'homme par une présence cachée mais déterminante.

Clotilde de Marelle et Madeleine Forestier ont su revendiquer leur aspiration à la liberté et au pouvoir. Leur féminité, toute moderne, en impose à Bel-Ami sur les deux plans où il se croit omnipotent : la réussite personnelle et le désir.

Le règne des femmes politiciennes est conforté, celui de ces femmes tenant salon et jouant un rôle important en politique. En 1884, la marquise de Païva, comtesse de Donners-marck, reine du Paris sous le Second Empire et sous les débuts de la République, meurt. Maupassant s'intéresse de fort près à l'histoire fabuleuse de cette femme arrivée par les hommes qui crut pouvoir faire se rencontrer Gambetta et Bismarck. En 1885, moins d'un an plus tard, paraît *Bel-Ami*, l'histoire de l'homme qui arrive par les femmes !

Dans une de ses chroniques, Maupassant raconte l'histoire de Léonie Léon, mystérieuse maîtresse à écrire et à penser de Gambetta. Il fréquente Madame Adam et son salon républicain, la princesse Mathilde, reine d'un salon libéral et littéraire et déplore l'influence grandissante des femmes en politique. Selon l'écrivain, cette place est tenue par les hommes, de toute éternité.

■■■■■■ MADAME WALTER

La « vieille maîtresse acharnée » : une victime

Bourgeoise sans espoir, elle s'est momifiée dans l'ombre d'un mari qu'elle n'aime pas et qui la méprise. C'est une proie facile pour Bel-Ami qui entend s'offrir – sans précautions inutiles – la femme du patron malgré sa réputation de femme honnête qu'on ne « chasse » pas. Madeleine avait prévenu l'homme : une femme « sage en tout, modérée et raisonnable [...] de la bonté, du dévouement, et une bienveillance tranquille » (p. 152). Pour une fois, Madeleine s'est trompée et Bel-Ami réussira à ravager cet « esprit aligné comme un jardin français » (p. 152).

Obsédé de désir et de puissance, Bel-Ami poursuit une quête que rien ne doit distraire. Mme Walter se trouve sur son chemin, elle sera sa maîtresse. Ce faisant, l'homme saura négliger le côté grotesque d'une passion qui se dégrade très vite, d'un personnage dont il souligne les naïvetés (II, 3), les petitesses sociales (II, 4), l'inexpérience amoureuse (II, 5) qu'elle traduit par des lettres « niaisement folles » et des mots d'amour plus fous encore (II, 5, p. 318).

Meurtrie, déchirée, aux bornes de la démence, elle ne pourra parer les coups qui achèvent de l'anéantir quand Bel-Ami a décidé de se marier avec sa fille : elle n'échappe pas à une démesure où le ridicule se fait grinçant. La passion ici sombre dans tous les excès qui dévalorisent un sentiment aux yeux d'un homme fort et sans scrupule.

Une femme utile

Cependant, Mme Walter peut révéler des qualités de finesse, de savoir-faire « en femme de financier, heureuse de son adresse » (p. 325). Elle a su donner confiance à Duroy, au départ : « Vous feriez avec vos souvenirs une charmante série d'articles » (p. 56). Le charme a joué : elle fera de Duroy, le petit reporter, un redoutable chef des Échos (p. 154).

Et quand il s'agit de sauver son amour – « quand on aime, on devient rusée » (p. 325) – Mme Walter découvre mensonges et supercheries qui permettront à Bel-Ami de passer pour plus « fort » que Walter et Laroche-Mathieu. Elle parle alors avec une belle autorité : « Ils l'ont racheté [...] Ils ont roulé même les Rothschild [...] Ça a tranquillisé la grande banque. Et puis maintenant on va faire l'expédition, et dès que nous serons là-bas, l'État français garantira la dette » (p. 325-326). Ce personnage passif, affolé, se montre alors capable d'intelligence politique même s'il reste inachevé, fabriqué pour illustrer quelques-uns des ressorts de l'action : la vanité des « mots d'amour », la respectabilité bourgeoise, la collusion des affairistes et des hommes de gouvernement.

■■■■ SUZANNE WALTER

La critique ne s'est pas montrée tendre pour Suzanne Walter et ses modèles aperçus dans deux contes : *Yveline Samoris* et *Yvette*. Ce sont de « jolies poupées de luxe » (p. 273) fragiles et inconsistantes, des victimes qui font de l'amour une caricature naïve et imparfaite à force de fausseté.

Victime, Suzanne n'est d'abord qu'un jeu pour Du Roy qui s'amuse de sa fraîcheur et de son insouciance (II, 7). Puis le jeu devient « enjeu » (p. 359) quand M. de Marelle, inconsciemment, fait observer que Suzanne aura de « 20 à 30 millions à dépenser ». Son destin désormais est scellé : prise dans les filets de l'arriviste, elle l'épousera.

L'adolescente romanesque qui a vécu dans un milieu pourri n'est pas armée pour réagir. La vie bourgeoise l'a enfermée dans ses rêveries, dans ses poétiques fictions vécues comme d'heureux mensonges. C'est une jeune fille au cœur tout neuf, sans défense, avec sa fantaisie et sa fragilité. Elle inspire, à ce titre, le respect, même au gredin qui se joue de son inexpérience : « Georges prit une main de la jeune fille et se mit à la baiser, lentement, avec respect. Il ne savait que lui raconter, n'étant guère accoutumé aux tendresses platoniques » (p. 394).

Maupassant, avec ce personnage, a sans doute voulu réserver un coin d'illusion dans un monde frelaté, gangrené par des fripons. À la limite, Suzanne est une plante de serre, trop longtemps confinée, qui ne demande qu'à vivre à l'air libre.

■■■ LAURINE, LA FEMME-ENFANT

Maupassant, enfant d'une famille désunie, a toujours refoulé ses sentiments véritables. La hantise de la famille, de l'enfant, cette joie du foyer, parcourt l'œuvre de bout en bout, la colorant de sarcasme ou d'amertume. Laurine, charmante fillette, volontaire et déjà indépendante, est un être déraciné qui sent obscurément le mal qui ronge le milieu où elle vit. Elle se contente d'exister entre une mère qui n'a pas grand-chose à donner, sinon l'image d'une existence paresseuse et amorale, et un père sans caractère, prêt à tous les abandons, par faiblesse et lâcheté.

Survient Duroy, l' « ensorceleur » (p. 107) et son monde est transfiguré. Elle est séduite et, spontanément, elle trouve son nom (« Ah ! Bel-Ami ») et l'entrain, la joie qui lui manquaient.

Laurine n'est pas un personnage de second plan, une apparition inutile. « Avec son air grave de grande personne » (p. 105) et son innocence de fillette, elle ressent plus durement que les autres femmes un attachement véritable pour le séducteur. Elle l'observe, surveille ses relations avec sa mère et sent monter en elle un sentiment de trouble qui la paralyse. Elle veut oublier ce Bel-Ami qui bientôt ne mérite plus son nom et quand sa mère s'étonne, elle « rougit, comme si on venait de [...] révéler une chose qu'on ne devait pas dire » (p. 176-177). Sa mère pardonne au séducteur pressé mais Laurine lui tourne le dos avec « une [...] allure de femme outragée » (p. 276). « Je crois vraiment qu'elle est jalouse », suggère Clotilde de Marelle sans mesurer la profondeur du dédain de la fillette amoureuse.

Ce visage de l'innocence bafouée est une image douloureuse et belle, l'une de celles qui adoucissent les sombres couleurs du roman. Laurine a donné son nom triomphant au séducteur pour qu'il en fasse bon usage. Trompée – comme les autres femmes – elle a le beau courage de condamner, à sa manière, toute d'élégance, celui qui ne s'en montre pas digne.

7 Les thèmes

▬▬▬ L'ARGENT ET LA RÉUSSITE

Bel-Ami est le roman d'un ambitieux qui réussit, par tous les moyens. La réussite est son obsession, son guide, une sorte d'absolu, tout au long d'un parcours placé sous le signe de la force tranquille et sûre d'elle-même. Les facteurs de cette réussite sont bien connus : les femmes et l'argent. Maupassant s'est servi de ces leviers avec une diabolique insolence.

Réussir est un combat qu'il faut gagner et *Bel-Ami* se présente d'abord comme un roman qui précise les réalités économiques d'une époque en même temps que l'évolution chiffrée d'une réussite. Le lecteur sait qu'un employé à 1 500 F par an ne peut « s'en tirer » (p. 35) et qu'un rédacteur à *La Vie Française* gagne 500 F par mois. Cette somme se révèle très insuffisante pour Duroy qui estime à 30 F par jour, soit 900 F par mois, le minimum indispensable pour vivre bien à Paris sans compter les dépenses d' « habillement, de chaussure », de linge, de blanchissage » (p. 131).

Bel-Ami doit se décider à emprunter : « Il était d'une humeur de chien enragé » (p. 137). Il accepte alors les largesses de Mme de Marelle (*cf.* le schéma 1).

Cette obsession du calcul chiffré renvoie à la toute-puissance de l'argent, seul producteur de plaisir, seul intermédiaire rendant possible le désir.

L'argent de Bel-Ami n'est pas celui d'un avare comme Harpagon ou Grandet ; il n'est pas accumulé avec passion, il passe, il coule, il disparaît aussitôt que gagné. Les femmes – celles par lesquelles on arrive –, viennent à point nommé pour aider financièrement le séducteur. Il y aura les louis d'or de Mme de Marelle, l'héritage de Mme Forestier, le mariage avec Suzanne Walter (*cf.* le schéma 2).

1. Un parcours difficile

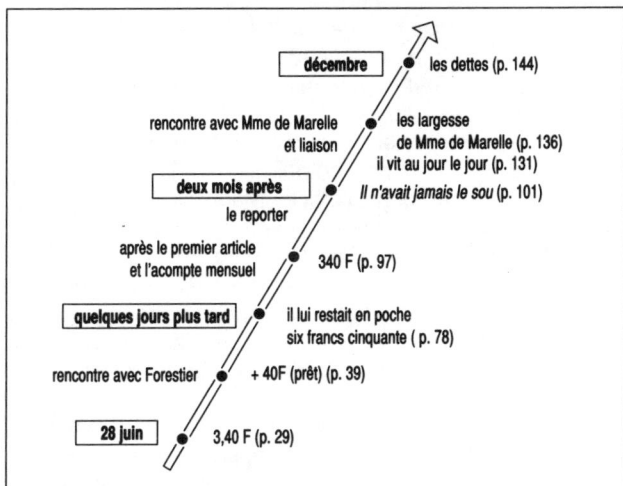

décembre ● les dettes (p. 144)

rencontre avec Mme de Marelle ● les largesse
et liaison — de Mme de Marelle (p. 136)
il vit au jour le jour (p. 131)

deux mois après *Il n'avait jamais le sou* (p. 101)

le reporter

après le premier article ● 340 F (p. 97)
et l'acompte mensuel

quelques jours plus tard ● il lui restait en poche
six francs cinquante (p. 78)

rencontre avec Forestier ● + 40F (prêt) (p. 39)

28 juin ● 3,40 F (p. 29)

2. Un parcours triomphant

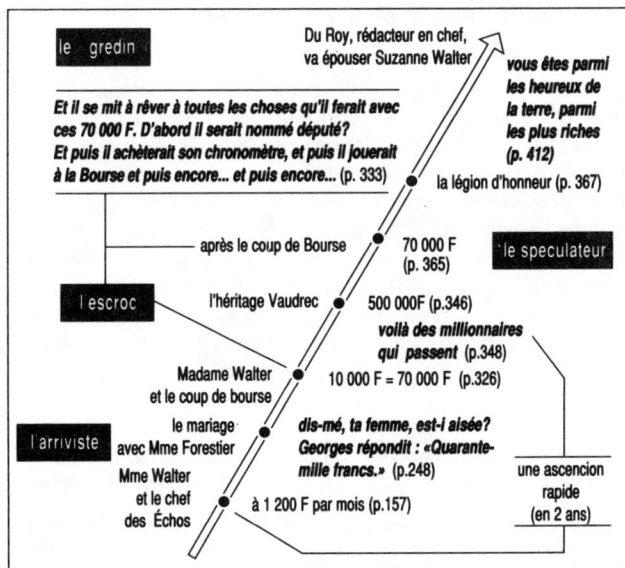

le gredin

Du Roy, rédacteur en chef,
va épouser Suzanne Walter

*vous êtes parmi
les heureux de
la terre, parmi
les plus riches
(p. 412)*

*Et il se mit à rêver à toutes les choses qu'il ferait avec
ces 70 000 F. D'abord il serait nommé député?
Et puis il achèterait son chronomètre, et puis il jouerait
à la Bourse et puis encore... et puis encore...* (p. 333)

la légion d'honneur (p. 367)

après le coup de Bourse ● 70 000 F
(p. 365)

le spéculateur

l'escroc

l'héritage Vaudrec ● 500 000F (p.346)

*voilà des millionnaires
qui passent (p.348)*

Madame Walter ● 10 000 F = 70 000 F (p.326)
et le coup de bourse

l'arriviste

le mariage ● *dis-mé, ta femme, est-i aisée?
avec Mme Forestier — Georges répondit : «Quarante-
mille francs.» (p.248)*

Mme Walter ● à 1 200 F par mois (p.157)
et le chef
des Échos

une ascension
rapide
(en 2 ans)

De la petite presse décrite par Balzac à la grande décrite par Maupassant il y a une évolution qui est une révolution. Un chroniqueur, c'est désormais un homme de presse qui a mené à bien ses apprentissages et se trouve d'autant plus à l'aise pour donner au journal sa dimension véritable.

D'abord simple bouche-trou qui quémande la publication d'un poème ou d'un bout d'article, Maupassant est devenu le grand reporter qui meuble la Une des grands journaux du temps : *Le Gaulois, Le Gil-Blas, Le Figaro*. Envoyé spécial sur les théâtres d'opérations coloniales en Algérie, il pourra, sous son nom ou sous des pseudonymes, faire le journal à lui seul pendant plusieurs semaines en 1881 : il aura ainsi acquis renommée, puissance et une liberté quasi totale d'expression.

Ayant tout vu, tout découvert, tout compris, Bel-Ami, à son tour, sait que le journal est la force première d'un régime, quel qu'il soit. Et ce journal, dans le roman, c'est *La Vie Française*.

Les rouages du journal

Un journal doit ses premiers pouvoirs à l'image extérieure qu'il présente, au paraître, au savoir-faire des journalistes qui pratiquent habilement le chantage dont ils menacent leurs adversaires. S'imposent, d'abord, une mise en scène efficace et l'aptitude à se compromettre avec le pouvoir. C'est ainsi que Duroy, lors de sa première visite à *La Vie Française*, pénètre dans l'escalier-réclame (I, 3, p. 78), est introduit dans une salle de rédaction et dans un bureau directorial étonnants. Dans cette caverne d'Ali-Baba, les journalistes et leur Directeur se livrent à leurs passe-temps favoris : le bilboquet[1] et la partie d'écarté[2] (I, 3, p. 79-80) ! Mais la mise en scène est si parfaite qu'elle en « impose aux visiteurs ». Au cœur de

---

1. C'est un jouet composé d'un bâton pointu relié par une cordelette à une boule percée d'un trou. Le jeu consiste à enfiler la boule sur l'extrémité du bâton.
2. Dans cette partie de cartes, les joueurs ont la possibilité d' « écarter » certaines de leurs cartes. Le gagnant est celui qui s'est débarrassé le plus rapidement de son jeu.

la machine, Duroy apprend que ce Directeur est « un fai-
seur », expert en prestidigitations journalistiques, comme ses
subalternes. Le plus doué, c'est Saint-Potin qui a l'art de res-
servir toujours le même plat sous des titres différents et de
s'abreuver aux sources proches des concierges de l'Hôtel
Bristol et du Continental (p. 93).

« La moelle du journal », ce sont les Échos : « C'est par
eux qu'on lance les nouvelles, qu'on fait courir les bruits,
qu'on agit sur le public et sur la rente » (I, 6, p. 155). On y
apprend le mensonge et la médisance (I, 6, p. 155). Le chef
des Échos – Duroy dans le roman – s'impose comme le levier
créateur et destructeur, celui qui devine « ce qui portera sur
le public », celui qui s'arrange pour que « l'effet en soit mul-
tiplié ». Tout ici est combinaison, manipulation supérieure et
Bel-Ami, ce Scapin[1] du journalisme, peut montrer l'étendue
de son savoir-faire.

La presse toute-puissante

Force reconnue dans ses fonctions ordinaires, la presse
devient toute-puissante lorsqu'elle se fait complice de la politique. Balzac avait illustré le développement de ces nouveaux
pouvoirs, de cette nouvelle image d'une presse qui renvoie
à la représentation d'une société dégradée. Les journalistes
ne travaillent pas dans la clarté de lieux connus et fixes. Ils
s'affairent en des repaires fugitifs que sont les cafés, les
restaurants, les salons, les couloirs et les antichambres
mystérieuses.

Par ses qualités de culot et de roublardise, par le secret
dont il entoure sa fonction, Duroy déconcerte son public, le
manie plus facilement et devient l'un des rouages essen-
tiels d'une presse issue d'une société dont il est l'image.

La force d'un Walter, sa réussite, ont exigé la concentra-
tion de tous les pouvoirs entre les mêmes mains, les siennes.
Par la presse et l'argent, il accapare le pouvoir politique.
Laroche-Mathieu, le futur ministre, n'est qu'une créature du
directeur-banquier, celui qui a été choisi pour satisfaire des
ambitions et des « combinaisons » politico-financières. Toute

---

1. Scapin : le valet et intrigant de la Comédie italienne (*cf. Les Four-
beries de Scapin* de Molière).

force contraire est réduite par l'armée secrète de la presse en campagne. À la tête des Échos, un chef – Duroy – qui « dirige et commande un bataillon de reporters », un chef « dont la rouerie native » se montre capable de « pressentir chaque jour les idées secrètes du patron » (I, 5, p. 155).

Bientôt *La Vie Française* gagnera « une importance considérable » grâce à « ses attaches connues avec le Pouvoir [...]. On la citait, on la redoutait » (p. 313). Avant que Bel-Ami ne rêve d'un avenir digne de son maître, M. Walter, celui-ci « continuait à diriger [...] son journal qui avait pris une extension énorme et qui favorisait beaucoup les opérations grandissantes de sa banque » (II, 8, p. 384).

■■■■■ LA POLITIQUE

Il ne faut pas séparer l'argent, la presse et la politique, ces forces conjuguées qui mènent l'État en ce début de IIIe République. Balzac, déjà, avait dénoncé la collusion de la presse et des puissances financières, mais les banquiers de *la Comédie humaine* ne sont que de petits faiseurs à côté de ceux de Maupassant. Puissances économiques, grande banque et presse ont réduit le gouvernement à un rôle d'exécuteur d'intérêts si puissants qu'il semble que désormais l'économie dirige l'État. Maupassant nous fait pénétrer dans cet univers étouffant où la soif d'arriver entraîne la spéculation, où les forces économiques et bancaires dictent la politique intérieure et extérieure, où le désir avide du jeu financier, la nécessité aussi d'ouvrir de nouveaux débouchés aux capitaux frais ne permettent plus à l'État de jouer son rôle véritable.

C'est un pouvoir politique dévoyé qui nous est décrit, aux mains avides d'affairistes souvent véreux, sans idées constructives. La politique s'écrit en termes de réussites économiques et de débouchés coloniaux. Le Parlement est dominé par la bourgeoisie opportuniste de centre gauche.

La médiocrité en politique

En ces domaines, Maupassant prend des positions dures que le roman grossit encore. Sans les déformer toutefois. La politique que soutient la haute finance est instable, mouvante, mobile comme les Échos qui passent, comme l'information, peu sûre. Le roman, dans ces conditions, illustre l'incroyable laisser-aller d'un régime offert au plus malin.

Lorsque Maupassant évoque députés et ministres, son jugement est celui d'un procureur implacable : « Tous ces gens-là [...] sont des médiocres [...] Leur intelligence est à fond de vase, ou plutôt à fond de dépotoir, comme la Seine à Asnières » (I, 6, p. 167). Celui qui les représente, le futur ministre des Affaires étrangères, Laroche-Mathieu, est une « sorte de jésuite républicain et de champignon libéral de nature douteuse, comme il en pousse par centaines sur le fumier populaire du suffrage universel. » (II, 2, p. 261).

Comme Zola, pourtant peu suspect d'amitiés conservatrices, Maupassant s'en prend à l'illusion du suffrage universel – masses illettrées, « nombre imbécile » – qui permet à des politiciens médiocres de trafiquer de leur autorité et de leur pouvoir.

Un affligeant spectacle

Mme Walter, dans l'ombre de son puissant mari, découvre les modernes dessous de cette politique « en femme de financier habituée à voir machiner les coups de bourse, les évolutions des valeurs » (II, 5, p. 325). Ce faisant, elle se réfère à des événements réels qui se sont déroulés à une date récente : le krach de *L'Union Générale* (1881-1882) et l'expédition en Tunisie prolongée vers l'Algérie (1881-1882).

La déconfiture de *L'Union Générale*, cette banque catholique victime de son succès passager et qui sombre quand elle perd la confiance de ses nombreux clients, ruine « en deux heures de spéculation des milliers de petits bourgeois, de petits rentiers » (II, 5, p. 325). Quant à la campagne de Tunisie – celle du Maroc dans le roman –, elle obéit aux souterraines manœuvres d'un gouvernement travaillé par la grande banque et par la presse à sa solde.

Dans cette foire d'empoigne, Bel-Ami saura tirer son épingle d'un jeu cruel. Trompé, il trompera : « Ce salop de Laroche, en voilà un que je repincerai [...] Sa carcasse de ministre me restera entre les doigts ! » (II, 5, p. 326).

Maupassant se révèle donc très dur avec les gens en place, jusqu'à l'injustice parfois. Ses tableaux de la vie parlementaire sont noirs, jusqu'au mépris. Sans doute faut-il, dès lors, en atténuer la portée et dire que cette fin de siècle ne mérite pas tous les discrédits au nom desquels on l'accable volontiers. Gambetta, Jules Ferry se sont montrés constructifs en bien des domaines, en particulier dans celui de l'école : gratuité, caractère obligatoire de l'enseignement primaire, etc. Sur les réalités coloniales de l'heure, Maupassant lui-même sera amené à reconnaître, lors d'un dernier voyage en Algérie et en Tunisie, les progrès accomplis depuis 1881. Honnête jusqu'au scrupule, il écrira : « (Alger) devient insensiblement, ou plutôt sensiblement, un sol français. Le progrès de la colonisation, depuis sept ans que je ne l'avais vu, est indubitable, indiscutable... » (*Afrique, Le Gaulois*, 3 déc. 1888).

■■■■■■ LES FEMMES, L'AMOUR ET LE MARIAGE

Les femmes[1]

Elles tiennent une place importante dans le roman puisque c'est par elles que triomphe Bel-Ami. Or, ces femmes, si diverses d'apparence et de condition, reflètent un milieu déterminé qui n'est guère reluisant, à l'image d'une société où tout est permis.

Le rôle de la femme n'est plus ce qu'il était hier. La femme n'est plus l'inspiratrice d'une passion unique dont l'étude remplit le roman. Avec *Bel-Ami*, la mise en valeur de l'ascension du héros qui arrive par les femmes nécessite la présence d'une pluralité de figures et de destins. D'ailleurs Bel-Ami n'a guère le temps d'aimer celles qui l'aident à réussir. Quand il croit aimer Mme de Marelle, il se trompe : c'est le désir qui l'attache à une maîtresse peu exigeante, une obsession sensuelle qui l'y ramène. Toujours il demeurera « sous l'obsession de son image », celle « de son corps restée dans ses yeux » (I, 5, p. 106).

---

1. Voir également ci-dessus, p. 39-47.

La première impression que lui a laissée Mme Forestier est de même nature. Il a jeté sur elle un regard plein de sensualité, déjà séduit ; « Un parfum léger s'envolait du peignoir [...] Duroy cherchait à deviner, croyait voir le corps jeune et clair, gras et chaud, doucement enveloppé dans l'étoffe moelleuse » (I, 3, p. 72). Par-delà la grâce et une certaine délicatesse (« parfum léger », « s'envolait ») traduites par des notations d'odeur et de légèreté, c'est le désir qui l'emporte avec des notations fortement érotisées de chaleur et d'envie (« deviner », « gras et chaud », « étoffe moelleuse »).

Chaque femme, dans le roman, répond à une nécessité plus pressante encore, celle de la promotion sociale du héros. Toutes apportent, un court moment, leur concours à cette promotion. Rachel, la prostituée, est un encouragement, un signe fait au séducteur. Mme de Marelle vit libre en marge de ses attaches familiales : elle est la femme désirable qui attache l'ambitieux par certaine expérience de la vie sociale et par sa disponibilité sensuelle. Mme Forestier se charge de la promotion politique du héros, satisfait ses ambitions de réussite non sans favoriser les siennes. Mme Walter, figure grotesque de l'amour bafoué, préserve les chances de l'ambitieux et sa fille, Suzanne, Laurine adolescente, assurera le triomphe social du séducteur.

Reste que l'écrivain n'a pas caché sa méfiance et son hostilité à l'endroit des femmes : elles sont adultères, trompent sans vergogne un mari aveugle ou complice. La mésentente règne dans le couple comme si l'incompréhension était de règle et la méfiance une loi.

Amour et désir

Il ne saurait y avoir d'amour sincère entre des êtres qui, « vivant côte à côte, s'ignorent toujours, se soupçonnent, se flairent, se guettent mais ne se connaissent pas jusqu'au fond vaseux de l'âme » (II, 6, p. 342). *Bel-Ami* est un roman sans amour où règnent la brutalité du désir et l'obsession de la réussite. Une grande force parcourt le roman : c'est la recherche du plaisir charnel qui se déplace de façon fébrile mais continue, de l'érotisme à la hâte de s'enrichir, de réussir et de le montrer. Il y a, en tout cela, peu de place pour la tendresse rêvée ou accordée. Dans ce monde sans racines, le besoin de la femme – corps et intérêt – est d'ordre matériel et se résout en calculs. Bel-Ami choisit ses partenaires pour leur utilité et leur complémentarité. Madeleine et Clotilde sont des éducatrices agréables et libres, Mme Walter et Suzanne, des pions sur l'échiquier de la réussite.

Mariage et liberté

Ayant constaté la faillite des liens familiaux, de l'amour dévoyé vers le désir ou la jalousie, Maupassant propose des solutions moins aliénantes. Pour éviter l'esclavage des liaisons qui durent ou celles que dictent les circonstances, il ne faut pas s'occuper de la morale enseignée, il faut vivre libre et avoir la possibilité de rompre, à son gré, toutes les chaînes.

Mme Forestier répond à ces espoirs par d'étonnants préceptes sur l'amour et le mariage : « Comprenez-moi bien. Le mariage pour moi n'est pas une chaîne, mais une association. J'entends être libre, tout à fait libre de mes actes, de mes démarches, de mes sorties, toujours. Je ne pourrais tolérer ni contrôle, ni jalousie, ni discussion sur ma conduite » (I, 8, p. 224). Et le miracle se produit au moins une fois, miracle de la communion amoureuse née de la communion des esprits, de la communion des consciences : « Quand leur article fut terminé, Georges le relut tout haut, en le déclamant. Ils le jugèrent admirable d'un commun accord et ils se souriaient, enchantés et surpris, comme s'ils venaient de se révéler l'un à l'autre » (II, 2, p. 259).

Mme de Marelle exige la même liberté. Duroy-Bel-Ami lui ressemble : ils n'ont d'autre soif que celle du désir. Madeleine se veut libre mais passionnée de journalisme et de politique. Elle fait comprendre à l'ambitieux que la réussite passe aussi par le savoir-faire qui est facteur de liberté.

Maupassant a su créer deux personnalités féminines déjà modernes, totalement libérées. Il y a, bien sûr, l'attitude contraire de Norbert de Varenne et son pessimisme désolé : « Mariez-vous, mon ami [...] La solitude [...] m'emplit d'une angoisse horrible » (I, 6, p. 171). Cette attitude n'est pas celle du héros qui n'écoute pas mais celle de l'écrivain dans ses moments de faiblesse quand la maladie, la solitude, le nonsens de la vie parlent trop fort.

■■■ LA HANTISE DE LA MORT

Jouet de ses obsessions, prédisposé plus que tout autre à recevoir le message de l'absurde, Maupassant n'a aucune peine à faire passer dans ses personnages la peur qui toujours l'habita, celle de la mort. Si Norbert de Varenne expose la théorie en un sermon devenu justement célèbre (I, 6, p. 167 et suivantes), c'est l'œuvre tout entière qui porte en elle ce poids invincible d'un vertige qui se joue des êtres.

La mort est partout : elle marque les plus heureux comme les plus riches ; elle prend des formes discrètes (p. 128) ou tapageuses (p. 215). Elle s'inscrit dans la peur panique du duel (p. 190) comme dans la pitié pour une pauvre femme abîmée dans sa douleur (p. 298), dans l'accablement des mêmes gestes cent fois refaits et des mêmes mots cent fois répétés (p. 318), dans la déraison du monde (p. 364) ou la démence, toute proche (p. 369), dans l'angoisse du temps qui passe avec son cortège de solitude et de lent détraquement du corps et de l'esprit.

C'est ainsi que l'écrivain donne le ton à son œuvre lorsque parle Norbert de Varenne : « Toujours la mort pour finir [...] Elle me gâte tout ce que je fais, tout ce que je vois, ce que je mange et ce que je bois, tout ce que j'aime [...] Et jamais un être ne revient, jamais... » (p. 169). Maupassant sans cesse, rappelle à son héros la vanité des plaisirs et des profits et le confronte aux maux véritables. Plus que la leçon de sagesse funèbre qui laisse son héros décontenancé, c'est le choc de plein fouet avec la mort et le néant qui marque intensément le personnage.

Cependant il vaincra cette peur (I, 7, p. 189) parce qu'il est plus fort que la mort et qu'il ne s'arrête pas, comme Norbert de Varenne, à cultiver ses angoisses : les prophéties du vieux poète comme les jérémiades de Mme Walter ne le concernent pas ; il les traite par le mépris.

En cela Bel-Ami diffère du romancier, lecteur de Schopenhauer, ce philosophe pessimiste dont il découvre les œuvres dans les années 1880-1881. Maupassant, dans une de ses nouvelles, rappelle l'influence de l'écrivain, un homme « désabusé » qui « a renversé les croyances, les espoirs, les poésies, les chimères, détruit les aspirations [...] tué l'amour [...] Il a tout traversé de sa moquerie, et tout vidé » (*Auprès d'un mort*, 1883).

Pessimisme et solitude

Bel-Ami est le livre du désenchantement et de l'inquiétude. Dans cette société « faussement confortable », tout est
vanité et le monde et ceux qui y vivent traînent leur mal
incurable. Ce mal est aussi celui de Maupassant avec son
hérédité chargée, sa tristesse morbide, ses souffrances physiques chaque jour multipliées, ce parti pris d'observation qui
condamne le peintre à voir toutes les laideurs.

Ce ne sont que conversations de « cuistres » (I, 6, p. 167),
ou duels inutiles, un monde de « crapulerie » avec ses « Ras-
taquouères » reçus comme des princes ou des honnêtes
gens (II, 3, p. 285). L'écœurement, la tristesse conduisent,
par effet de retour, à la pitié et à la révolte contre Dieu. Dieu :
« Là-haut. – Où donc ? » (II, 4, p. 298).

Une pauvre vie faite de pauvres plaisirs : le néant de la pensée et de l'esprit. Maupassant est un négateur : Dieu, la
morale, l'amour, la foi en des lendemains heureux ne sont
que des utopies. L'homme est seul au milieu de son ennui
dans un univers vide, dans le clinquant de sa suffisance et
de son égoïsme. Et d'ailleurs tout se répète dans l'immuable et énervant retour des choses. Maupassant est un écrivain moderne : les thèmes de la solitude, certaine sensibili-
sation aux conversations creuses, aux objets stéréotypés, aux
miroirs qui renvoient des images d'angoisse ou de décrépi-
tude retrouveront leur place dans *La Nausée* de Sartre[1].
Maupassant – qui n'est pas un homme à système – a écrit
le prologue du grand désenchantement moderne au travers
de toutes ces méditations solitaires sur le sens de la vie.

Le monde de l'illusion :
« la mort seule est certaine »

Tout n'est qu'illusion et égoïsme. Des êtres solitaires épient
« les dessous du monde » (I, 6) et vivent un enfermement
sans autre perspective qu'une fin proche : « Je me sens mourir en tout ce que je fais [...] Respirer, dormir, boire, manger,

---

1. Sartre est un philosophe français du XXᵉ siècle. Athée, il précise
les données d'un existentialisme où l'engagement de l'homme crée
les valeurs qui donnent un sens à la vie.

travailler, rêver, tout ce que nous faisons, c'est mourir. Vivre enfin, c'est mourir ! » dit Norbert de Varenne, porte-parole de Maupassant (I, 6, p. 169).

Cette mort programmée traîne de façon insidieuse en de nombreuses pages du roman. Les débuts sont difficiles, inquiétants, et Duroy « aperçut ses habits de tous les jours jetés là, vides, fatigués, flasques, vilains comme des hardes de la Morgue » (I, 3, p. 65). Le bureau des employés, « une grande pièce sombre », donne « sur une cour étroite » (I, 4, p. 87) : c'est l'antichambre d'une mort annoncée. À Cannes, Mme Forestier veille son mari mort en compagnie de Georges Duroy : « Et c'était fini, pour lui, fini pour toujours. Une vie ! quelques jours et puis plus rien ! » (I, 8, p. 217). Le temps de l'illusion.

La rude vie des paysans, la monotonie des jours et des saisons effrayent Duroy ; une femme du peuple entrevue dans la pâle clarté d'une église accable l'écrivain comme le héros : « Les pauvres êtres. Y en a-t-il qui souffrent pourtant » (II, 4, p. 298).

L'ombre de la mort, le chagrin, la peur devenue obsession colorent le roman d'un jour très sombre, sinon inquiétant.

« Vivre enfin, c'est mourir ! » (I, 6, p. 169).

8 Bel-Ami, un roman naturaliste ?

■■■■ RÉALISME ET NATURALISME

Le réalisme trouve sa meilleure définition dans une réaction contre le romantisme qui place le sentiment, l'imagination, le « moi » à la première place. Le réalisme, en refusant cette esthétique, voit le monde, les événements qui l'illustrent, les passions qui le traversent avec des yeux d'observateur scrupuleux. Stendhal, Balzac avaient suivi ce chemin. Flaubert fait un pas de plus pour décrire une réalité qui ne saurait être simplement photographique.

Avec Zola, le réalisme prend une couleur sombre. Par-delà la primauté du roman objectif qui définit les personnages dans leurs réactions immédiates, s'impose la doctrine naturaliste. Cette école, tout entière illustrée par Zola, s'applique à la découverte minutieuse des faits jusqu'à leur conférer une intention et une portée scientifiques. À la limite, l'œuvre de Zola prend une dimension expérimentale.

■■■■ LA TENTATION DU NATURALISME DANS « BEL-AMI »

La notion d'évolution, d'espèce, de milieu

Il y a d'abord, dans le roman, ces petits détails qui fixent le portrait du personnage. La moustache est l'attribut nécessaire de tout candidat arriviste parti en chasse sur le boulevard : elle souligne, d'un trait appuyé, la permanence du désir. Il y a ce grouillement continu des êtres dans un monde de profits et de jouissances rencontré aux Folies-Bergère, au Bois de Boulogne, chez Ledoyen, lors d'un assaut d'armes et jusqu'aux marches de la Madeleine. Il y a surtout, clairement explicitées dans sa chronique : *Aux critiques de « Bel-Ami »*, les notions mêmes que précise l'esthétique naturaliste : « Je montre dès les premières lignes qu'on a devant soi une graine de gredin qui va pousser dans le terrain où elle tombera. Ce terrain est un journal. Pourquoi ce choix, dira-t-on ? Pourquoi ? Parce que ce milieu m'était plus favorable que tout autre pour montrer nettement les étapes de mon personnage. »

Il s'agit bien là d'une perspective naturaliste, celle qui amène Zola et Maupassant à situer leurs personnages dans un champ précis d'intérêt et d'existence. Ce sera, pour *Bel-Ami*, celui de l'argent et de la presse, un « milieu » que retrouvera Zola avec *L'Argent*.

Le roman situé dans un contexte historique

L'évolution du caractère de Bel-Ami, son histoire sont ainsi ordonnées en fonction d'un milieu précis, celui du journal à la fin du XIXe siècle. Ce déterminisme autorise Maupassant à montrer que, par ce choix précis, il a pu donner « plus de relief à son personnage », à ce type d'ambitieux arriviste « comme il en existe dans les feuilles qui ne sont que des usines à chantage et à émissions de valeurs fictives » *(Aux critiques de « Bel-Ami »)*.

L'argent excite ici toutes les convoitises et donne cette mauvaise couleur aux hommes isolés en des groupes sociaux caractéristiques.

– *Le monde du boulevard*, grouillant d'appétits et pétri d'instincts élémentaires (p. 32 et suivantes).

– *Le monde des bureaucrates*, étriqué et craintif, un monde que Maupassant connaît bien pour avoir souffert de ses règles avilissantes, de sa hiérarchie triomphante et de ses habitudes d'une fixité éprouvante (p. 87 et suivantes).

– *Le personnel de rédaction du journal* : des ouvriers compositeurs (p. 37), des garçons de bureau, présentés collectivement (p. 78) aux reporters, rapidement individualisés (p. 78, 79 et suivantes).

– *Les clients des « caboulots populaires »* : pour une fois, le romancier s'attarde à la description d'un milieu qu'il ignore généralement. Pur hasard, au demeurant, qui nous vaut quelques descriptions originales (les cochers de fiacre, p. 127 ; la salle de bal, p. 128 ; le « bouge enfumé », p. 129) sur fond de misère, d'alcoolisme et de tristesse à peine voilée.

– *Les foules anonymes et inquiétantes* : celle des *Folies-Bergère*, bigarrée et vulgaire (p. 43), celle de la salle d'armes avec « des jeunes gens en costume d'assaut » (p. 281), « des messieurs en redingote » (p. 281), « les hommes célèbres » (p. 285), tout un public que gagne l'excitation ambiante, un public vivant qui apparaît en pleine lumière avec son chic usurpé, son désir de paraître et ses troubles appétits.

– *Le public des salons des parvenus* : « l'entre-monde parisien » que le riche banquier Walter attire dans sa somptueuse maison (p. 349 et suivantes), toute une société en décomposition déjà rencontrée dans les avenues du Bois de Boulogne (p. 172), une faune ordonnée en fonction des pouvoirs de l'argent. À ce jeu, les filles de la noblesse épousent les parvenus de la finance israélite et les plus forts triomphent.

– *La foule parisienne* qui, peu à peu, emplit l'église de la Madeleine, vaste fresque où se retrouvent tous les personnages, tous les héros du roman.

– *Les paysans* (p. 250 et suivantes) ne sont plus qu'instincts. Ils s'empiffrent (p. 251), échangent des propos laconiques où la ladrerie et la grivoiserie se donnent libre cours.

Le romancier, excellent observateur des milieux sociaux, n'avait pas manqué – en fidèle lecteur de Taine[1] – d'insister aussi sur le « moment » en une période de l'histoire française aussi riche d'événements révélateurs : les aspects de la conjoncture financière, coloniale, journalistique que nous avons étudiés précisent, jusqu'au détail, l'intérêt que Maupassant prenait à une peinture « naturaliste » de la société de son temps.

---

1. Taine (1828-1893) a tenté d'appliquer la méthode expérimentale des sciences naturelles aux créations de l'esprit humain. Il a montré l'influence du moment et du milieu sur le génie des grands écrivains.

UNE DIMENSION IMPRESSIONNISTE

Le roman ne saurait s'expliquer totalement dans une perspective naturaliste. Des glissements s'opèrent, du naturalisme, aux structures toujours ouvertes de l'impressionnisme.

Les couleurs

Maupassant décrit en peintre, en touches, en notations colorées. Il saisit le profil changeant des êtres, leur côté transitoire dans la dissolution de toute chose. Il entonne un hymne à la couleur fugitive, à « la joie de manger le monde avec ''son'' regard ». Regardant travailler Monet, il constate : « Je l'ai vu saisir une tombée étincelante de lumière sur la falaise blanche et la fixer à une coulée de tons jaunes » *(La Vie d'un paysagiste)*. Le peintre-Maupassant est enchanté. Dans *Bel-Ami*, l'écrivain procède souvent ainsi. Le monde qu'il décrit est un monde instable, changeant comme le temps, un monde vivant qui poursuit une mutation inquiétante.

Cette mutation se révèle d'abord au travers des perceptions ressenties par les personnages, par l'auteur lui-même. On ne compte plus dans *Bel-Ami* les effets de couleur : « Les maisons de la rue de Rome [...] semblaient peintes avec de la clarté blanche » (I, 3, p. 68) ; « Ses murs, tendus d'un papier gris à bouquets bleus, avaient autant de taches que de fleurs [...] Cela sentait la misère honteuse » (I, 3, p. 65) ; « on apercevait une grande tache d'un vert clair que faisaient les feuilles d'un arbre, éclairées par la lumière vive des cabinets particuliers » (I, 5, p. 109).

Les sensations

La marque sensuelle, charnelle, toujours diversifiée, est partout. La réussite, pour Bel-Ami, c'est d'abord une soif ardente qui ne s'apaise jamais : « Une soif chaude, une soif de soir d'été le tenait, et il pensait à la sensation délicieuse des boissons froides coulant dans la bouche » (I, 1, p. 31-32). Ce sont les perceptions corporelles qui l'animent, le tenaillent, douloureuses ici, enivrantes là : « Les huîtres d'Ostende [...] fondant entre le palais et la langue ainsi que des bonbons salés » (I, 5, p. 110) ; les orgues de la félicité répandent leurs « notes fines, alertes » qui « effleuraient l'oreille comme des souffles légers » (p. 413).

Tout se résout en sensations. Après sa rencontre avec Mme de Marelle, Bel-Ami rêve : « Il lui semblait avoir pris quelque chose d'elle, l'image de son corps restée dans ses yeux et la saveur de son être moral restée en son cœur [...] une sorte de sensation de la présence irréelle et persistante de cette femme » (I, 5, p. 106).

De la même façon, la pluralité des désirs – du désir – s'exprime de la manière la plus instinctive. Rachel « allume » le désir ; « l'espoir de ce long tête-à-tête intime, cordial, si doux, le fit tressaillir de désir » (I, 4, p. 94) ; Georges et Madeleine, descendant vers le Bois de Boulogne, sont « perdus dans l'hallucination du désir » cependant qu' « une sensation de tendresse flottante, d'amour bestial épandu, alourdissait l'air » et qu' « un immense fleuve d'amants [...] coulait vers le Bois sous le ciel étoilé et brûlant » (II, 2, p. 266).

Dans cette page impressionniste où la sensation domine, où règne ce qui passe, ce qui fuit, ce qui est transitoire, l'eau, toutes les eaux, jouent un rôle important. Non seulement Maupassant a chanté l'eau, il a vu se transformer les êtres et les choses dans le courant de l'universelle liquidité : « tendresse *flottante* », « amour *épandu* », « un *fleuve* d'amants » « coulait ».

La ville est « chaude comme une étuve » (p. 30) ; la « longue chevelure (de Mme Forestier) se répandit comme de l'eau » (p. 52) ; Mme de Marelle possède un diamant « comme une goutte d'eau qui aurait glissé sur la chair » (p. 53) ; les palmiers « ouvraient leurs feuilles élégantes » qui « s'élargissaient en jets d'eau » ; Laroche-Mathieu « répand » sur ses collègues une « éloquence liquoreuse » devant un secrétaire habitué « à ces douches de faconde » (II, 5, p. 316) ; dans la serre de Walter, « la lumière glissait comme une ondée d'argent » (II, 7, p. 357).

Ainsi le roman donne à voir une écriture de peintre qui met en valeur les impressions, les sensations, les multiples appels à la diversité, à la division, au fractionnement impressionnistes. Et cette mobilité, cette fébrilité – celle du regard – accompagne le récit lui-même qui juxtapose la solidité d'une facture naturaliste aux délices savourées de toutes les rencontres où la sensualité fait merveille.

Les techniques narratives

◼◼◼ LA QUESTION DU POINT DE VUE OU FOCALISATION

Qu'est-ce que le point de vue narratif appelé aussi focalisation ? C'est l'effort pour caractériser la position qu'occupe le narrateur dans l'histoire. C'est en effet ce narrateur qui tient les ficelles du récit, du texte raconté. Il devient nécessaire, dans ces conditions, de préciser qui *voit* les choses, les événements, quel point de vue s'exprime, quel œil enregistre telle ou telle scène.

La focalisation externe ou l'œil de la caméra

Dans ce type de point de vue, la position du narrateur peut être comparée à l'œil d'une caméra : on enregistre de la manière la plus neutre des gestes, des attitudes, des événements qui passent dans le champ d'observation. Dans *Bel-Ami*, les personnages secondaires relèvent de cette technique : leurs actes, leurs comportements sont rapportés de l'extérieur, de façon neutre. C'est au lecteur de les approcher, de les comprendre, de les interpréter.

La focalisation externe concerne aussi les scènes autour desquelles se développe l'histoire : un témoin extérieur raconte les dîners, un moment de rencontre de femmes chez Mme Walter (I, 6, p. 151), un assaut dans la salle d'armes de Rival (II, 3, p. 282 et suivantes), etc.

Dans *Bel-Ami*, le dynamisme narratif montre des visages multiples. Un exemple relevant des techniques du cinéma – celles-là mêmes dont Maupassant est le précurseur – présente les personnages de deux paysans modulés et découverts dans leur déplacement. L'œil suit les personnages : la vision est d'abord lointaine, puis se rapproche, du plan général au plan moyen, du plan rapproché au gros plan :

> Elle *regardait* venir ces deux pauvres êtres [...]
> Ils passaient [...]
> Ils s'arrêtèrent net [...] stupéfaits [...] abrutis de surprise [...]
> Et les deux campagnards *regardèrent* Madeleine.
> Ils la *regardèrent* comme on regarde un phénomène [...]
>
> (II, 1, p. 247-248).

Ainsi le point de vue externe, la focalisation externe ne produit que des effets extérieurs objectifs, mais sans effets secondaires profonds et sans intervention du narrateur pour les expliquer et les approfondir.

La focalisation interne ou les pleins pouvoirs d'un personnage

Le lecteur, dans cette forme de point de vue, est amené à mieux découvrir le milieu et les personnages, encore que cette connaissance reste circonscrite aux limites mêmes que connaît un témoin faisant partie du jeu. Ce témoin a tous les pouvoirs.

Un exemple connu de cette technique est fourni par le roman de l'écrivain américain Henry James, *Ce que savait Maisie*. Les événements sont, dans le roman, racontés du point de vue d'une petite fille qui ne peut donner au lecteur que des informations fragmentaires, qu'il faut sans cesse contrôler.

La focalisation interne par le regard

On sait la place que tient le regard dans *Bel-Ami*. Le regard parle, agit, découvre, confond. En fait, il croit agir, découvrir et sa quête peut être sujette à caution et doit être contrôlée : elle n'en est pas moins riche et intéressante. C'est ainsi que Duroy, bien décidé à réaliser, sur le boulevard, une chasse fructueuse – argent et femmes –, jette « sur les dîneurs attardés un regard rapide et circulaire, un de ces regards de joli garçon, qui s'étendent comme des coups d'épervier » (I, 1,

p. 29). Le regard est signe de force, de puissance *(circulaire)*, d'expansion *(s'étendent)*, de prise de possession *(épervier)*.

Le regard dépasse l'apparence, le masque, il pénètre déjà en profondeur, il est le signe d'un accord, d'une complicité. C'est la complicité des sens et du plaisir quand Duroy et Rachel se rencontrent et que la femme sourit « comme si leurs yeux se fussent dit déjà des choses intimes et secrètes » (I, 1, p. 45). Le regard de Mme de Marelle est tout différent : « Elle le remercia d'un regard, d'un de ces clairs regards de femme qui pénètrent jusqu'au cœur » (I, 2, p. 58). Celui de Mme Forestier est une invite : « il crut y voir (dans ses yeux), une gaieté plus vive, une malice, un encourage-ment » (I, 2, p. 58). C'est que la femme voit mieux et plus loin que l'homme parce qu'elle est plus sensible que l'homme, parce qu'elle sait mieux que l'homme et qu'elle garde ce savoir caché au fond d'elle-même. Bel-Ami perd de sa superbe quand Madeleine le regarde « d'un regard per-çant » (II, 6, p. 344) ou quand il se sent dépassé par le calme de sa maîtresse.

Le plus souvent deux regards s'affrontent, se mesurent, cherchent à comprendre l'autre, au plus profond des mys-tères de l'être : « Madeleine, à son tour, le regardait fixement [...] d'une façon profonde et singulière, comme pour y lire quelque chose, comme pour y découvrir cet inconnu de l'être qu'on ne pénètre jamais » (II, 6, p. 341).

La focalisation interne à travers la conscience d'un personnage

Dans ce cas, le lecteur entre dans les réflexions du per-sonnage et partage ses états d'âme, ses incertitudes : « Et il rêvait souvent le soir, en regardant de sa fenêtre passer les trains, aux procédés qu'il pourrait employer » (I, 4, p. 101). Le lecteur, lui aussi, échafaude des procédés, des projets, plus ou moins consistants.

Ailleurs, on suit la pensée secrète du personnage à travers les perceptions qu'il conserve des événements ou le juge-ment qu'il en a : « Il se répétait [...] Il faut que j'écrive [...] S'il me voyait, ce soir, dans la maison où je vais, serait-il épaté, le vieux ! » (I, 6, p. 159). Le lecteur suit les pensées confuses de Duroy, leur accumulation dérisoire : « La pensée lui vint de faire du feu [...] Et sans cesse il se *demandait* [...] Puis il *se dit* [...] Puis il *jugea* [...] Cette pensée l'écrasait maintenant » (I, 7, p. 190).

Dans ces cas, le lecteur partage une manière de comprendre et de ressentir les choses qui est celle du personnage-témoin. Il y a complicité véritable entre lecteur et personnage qui participent aux mêmes débats, aux mêmes interrogations, aux mêmes émotions.

Les verbes relevant de la perception (voir, regarder, entendre) ou d'interprétation (penser, croire, se dire, se demander, juger) appartiennent au registre de la focalisation interne.

L'œil « divin » du narrateur omniscient : la focalisation zéro

Dans cette perspective (point de vue d'un narrateur omniscient), le narrateur correspond à un « œil » qui voit tout, qui sait tout des personnages et des événements, ceux d'hier comme ceux d'aujourd'hui. Le narrateur est ainsi doué de pouvoirs quasi divins qui le placent en position de supériorité par rapport aux personnages eux-mêmes.

Cette focalisation « zéro » est celle d'un narrateur dont les perceptions sont illimitées. C'est ainsi qu'elle est présente dans l'évolution psychologique du héros : ses soifs (« l'envie de boire lui séchait la gorge », I, 1, p. 31) ; ses désirs et ses ambitions (« Mais le désir d'arriver y régnait en maître », I, 3, p. 67) ; dans sa jalousie corrosive : « Mais l'image de Forestier était rentrée en son esprit, le possédait, l'étreignait. Il ne pouvait plus penser qu'à lui » (II, 2, p. 267-268).

Le personnage de Laroche-Mathieu, présenté d'une seule coulée, relève de cette focalisation qui offre un portrait complet, au physique comme au moral. Le lecteur sait tout de lui, en quelques phrases ramassées, lourdes de sens (II, 2, p. 260-261).

À la limite, le point de vue du narrateur omniscient rejoint le point de vue de l'auteur. Maupassant a mis beaucoup de lui-même dans *Bel-Ami*. Quand la voix parle de la solitude, il s'agit bien sûr de la solitude de l'écrivain décrite dans *Causerie triste*, une chronique du *Gaulois* en date du 25 février 1884, dans *Par-delà*, une chronique du *Gil-Blas* en date du 10 juin 1884, avec cette peur obsédante de la mort que l'on retrouve en termes identiques dans le sermon que prodigue Norbert de Varenne à Bel-Ami (I, 6, p. 166).

■■■ LA TECHNIQUE DE LA DESCRIPTION

Les procédés descriptifs utilisés par Maupassant précisent l'art de bien rendre le point de vue subjectif du personnage. Les lieux que hante Bel-Ami, vus par le narrateur ou par Bel-Ami, sont significatifs d'une société qui se dégrade, retrouvée dans le regard amusé ou sévère des voyeurs. Il y a des lieux pour le plaisir (les Folies-Bergère, la salle d'armes, le restaurant), des lieux pour l'intimité (les salons, les appartements qu'on loue), les lieux qui enferment les amants (voiture, compartiment), des lieux pour l'aventure et des lieux pour la réussite (cabinets directoriaux, salons, sièges des grands journaux).

Ces endroits, des haltes sur le chemin d'une promotion irrésistible, sont saisis par un œil curieux, durement critique. C'est ainsi que les Folies-Bergère étalent leur monde divers et un demi-monde dont la figure essentielle est celle de la prostituée au milieu d'un peuple de « bourgeois », de « boulevardiers », d' « employés », de « reporters », de « souteneurs » (I, 1, p. 43).

Le portrait de Madame Forestier (I, 3), vu et interprété selon le point de vue de Duroy, résume le calme et la fascination qu'exerce la femme : « Elle était assise [...] Elle se retourna [...] Elle montrait un siège [...] Elle avait l'air chez elle » (I, 3, p. 71-72). Cette suite de tableaux établit graduellement la supériorité intellectuelle et morale de la femme.

Ces techniques descriptives fragmentées, facettées, sont les éléments d'une connaissance progressive de la diversité et du caractère profond d'une société. Le traitement descriptif fait large place à l'action et à la parole, ce qui exclut l'analyse psychologique classique et permet de découvrir les personnages au fur et à mesure de l'évolution du récit.

Les portraits et autres motifs descriptifs sont toujours appréhendés de l'extérieur, perçus dans l'élan de la sensation, des besoins et des soifs du héros ou de son auteur.

Dans un roman qui procède volontiers par une suite d'impressions fugitives saisies en des lieux multiples et divers, la mise en scène se fragmente en très courts aperçus qui renouvellent l'intérêt et captivent le regard : le boulevard, les Folies-Bergère, un restaurant, un duel, un assaut d'armes. *La Vie Française* fonctionne au gré d'une mise en scène de type théâtral avec ses ouvertures multiples : « l'escalier-réclame », la cohorte des huissiers, ce qui fait dire au narrateur : « La mise en scène était parfaite pour en imposer au visiteur » (I, 3, p. 78). Cette impression est aussitôt démentie par le salon d'attente peuplé d' « hommes négligés » et de femmes dont « l'une [...] avait l'air d'une cocotte ». Un troisième décor s'ouvre sur une salle où les journalistes s'adonnent au jeu du bilboquet alors que, dans le bureau voisin, le directeur-retenu-par-une-conférence joue aux cartes avec quelques « messieurs à chapeaux plats ».

C'est ainsi l'envers du décor qui retient l'attention et la mise en scène, traduite dans sa variété, rend compte des personnages et de leurs évolutions, au demeurant peu importantes.

■■■■■■ MAUPASSANT ET L'ART DU DIALOGUE

La diversité des registres

L'écrivain, excellent styliste, accueille tous les registres de langue et ses personnages se révèlent dans leur manière de s'exprimer en fonction des situations et des interlocuteurs. Au début du roman, Duroy s'exprime dans une langue populaire, voire triviale : « Je crève de faim, tout simplement » (p. 35) ; « Ce n'est pas la peine de gueuler comme ça » (p. 88). Puis son registre s'étend au contact de femmes différentes : en face de Mme Walter, il utilise une langue châtiée avec un soupçon de noblesse : « Dans cette question, madame, je n'envisagerais jamais le mérite... » (p. 152). Avec Mme de Marelle il sait prendre le ton de la fausse contrition, celui de l'enfant qui a peur d'être battu : « Je t'aime beaucoup, je t'aime vraiment du fond du cœur », lui dit-il, « aussi la crainte de te faire de la peine m'afflige... » (p. 233). L'excès de politesse, l'emploi d'un verbe noble (« affliger ») soulignent l'excès de prévenance et le malaise du héros.

Cette diversité du dialogue est rendue plus sensible par une technique faite de sobriété et de concision : quand Mme de Marelle demande à Duroy :

« – Si on m'injuriait dans ces endroits-là, qu'est-ce que tu ferais ? »

il répond :

« – Je te défendrais, parbleu !

Et elle lui serrait le bras avec bonheur, avec le désir confus peut-être d'être injuriée et défendue... » (I, 5, p. 130).

Le retour des mêmes situations à travers le dialogue

Le retour des mêmes parcours dialogués éclaire le comportement psychologique du héros :

– à Mme de Marelle : « Quand pourrai-je vous voir bien seule pour vous dire comme je vous aime ? » (p. 119) ;

– à Mme Forestier : « Merci, merci, comme je vous aime ! » (p. 228) ;

– à Mme Walter : « Que voulez-vous, je suis fou ! Je vous aime... Oh ! si vous saviez, comme je vous aime ! » (p. 291) ;

– à Suzanne : « Je suis plus que fou, je suis coupable, presque misérable » (p. 374).

Ailleurs, un certain vide des conversations s'exprime dans la monotonie des dialogues sans nerfs, incolores, qui traînent comme si l'on était renvoyé à la platitude d'un caractère toujours le même. Walter ne s'exprime que pour vanter ses richesses, ses possessions ; Laroche-Mathieu parle pour ne rien dire, pour s'écouter ; Mme Walter pour illustrer une navrante naïveté avec les mêmes mots pour les mêmes élans élémentaires : « Non, je ne peux pas, je ne veux pas » (p. 294), « C'est si bon d'aimer » (p. 319), « merci, mon chéri », « va, mon chéri » sans parler de la litanie des « je t'aime... je t'aime... mon trésor... ».

Le style indirect libre

Dans le style indirect libre, le discours s'incorpore à la narration, sans guillemets et souligne une sorte de dialogue intérieur. Duroy va se battre en duel : il est seul et s'interroge : « Comme c'était bête, tout de même, ces choses-là ! Qu'est-ce que ça prouvait ? Un filou était-il moins un filou après s'être battu ? Que gagnait un honnête homme insulté à risquer sa vie contre une crapule ? » (I, 7, p. 185). « Donc il allait se battre, et se battre au pistolet ? Pourquoi n'avait-il pas choisi l'épée ? » (p. 188) ; « Il allait se battre en duel (p. 190). Il ne pouvait plus éviter cela. Que se passait-il donc en lui ? ». Le héros multiplie les questions, les exclamations au plus fort de son inquiétude qui devient angoisse. Ce monologue intérieur est le type même du discours indirect libre.

10 Quelques aspects stylistiques

Ici encore, il convient de se reporter aux écrits de Flaubert pour apprécier l'importance que Maupassant – après son maître – accorde au style. Flaubert affirmait : « Hors du style, point de livre. » Maupassant se veut plus précis encore : « Quand un homme, quelque doué qu'il soit, ne se préoccupe que de la chose racontée, quand il ne se rend pas compte que le véritable pouvoir littéraire n'est pas dans le fait mais bien dans la manière de le préparer, de le présenter et de l'exprimer, il n'a pas le sens de l'art » (*La finesse*, *Gil-Blas*, 25 décembre 1883).

LE CHOIX DES CHAMPS LEXICAUX

Trois exemples vont illustrer la valeur d'une recherche et d'une technique qui mettent en valeur la justesse de l'expression, la précision de l'adjectif et du détail signifiant.

Le héros placé en situation d'insuffisance, de misère, d'échec

Les verbes se suivent, se heurtent en une suite d'impulsions avortées, désordonnées.

[...] et se leva (I,3, p. 64-65)

Il jeta sa plume

Il ajouta [...]

Il traça sur [...]

Il se décida [...]

Il s'arrêta net [...]

Et il écrivit [...]

Tout à coup
il pensa [...]

Le héros confronté
aux petitesses de la passion

« Elle se montrait tout autre qu'il ne l'avait rêvée, essayant de le séduire avec des *grâces puériles*, des *enfantillages* d'amour *ridicules* à son âge [...] ça avait été une sorte de *printemps fané*, plein de *petites fleurs mal sorties* et de *bourgeons avortés*, une *étrange éclosion d'amour* de *fillette*, *d'amour tardif* [...] de *grâces vieillies*... » (II, 5, p. 318).

Les associations dépréciatives (substantif + adjectif) que nous soulignons limitent un champ lexical où dominent la puérilité, le ridicule, le grotesque, la dégradation suivant un mouvement qui s'amplifie jusqu'à l'absurde. L'association d'un nom et d'une qualité en apparence contradictoire est une belle réussite stylistique.

Le héros
en situation de réussite
dans la plénitude de son triomphe

« *Il aperçut la foule* [...] *venue là pour lui* → *Le peuple de Paris le contemplait* → *Il découvrit la place de la Concorde* → *la Chambre des députés* → *Il allait faire un bond du portique de la Madeleine au portique du Palais-Bourbon* » (II, 10, p. 415).

Bel-Ami, lentement, sûrement, suit un parcours de majesté : c'est l'ascension irrésistible, insolente, dans cette évocation d'une puissance solitaire et tranquille.

■■■■ ÉNUMÉRATIONS, COMPARAISONS, MÉTAPHORES

Que ce soit dans l'évocation des lieux, des portraits, des situations, l'art du styliste est de mettre en valeur les diverses métamorphoses d'un homme parti de rien et qui réussit dans un milieu qui lui ressemble. Pour donner tout son relief à ce travail stylistique Maupassant utilise trois types de techniques : l'énumération, la comparaison, la métaphore.

– *L'énumération* : l'utilisation efficace de l'énumération facilite la tâche de l'écrivain. C'est ainsi que la description des Folies-Bergère fonctionne selon quatre énumérations qui amplifient l'importance d'un lieu où « la crapule domine » : « Remarque donc l'orchestre [...] Aux loges [...] Voici des employés [...] Quant aux femmes [...] L'une de ces femmes... » (I, 1).

Les Échos, la « moelle du journal », illustrent les pouvoirs de la presse multipliés par l'énumération : « Il faut savoir glisser [...] Il faut, par des sous-entendus [...] Il faut que [...] (I, 6, p. 155).

Maupassant cultive ainsi l'art de la *gradation*, une savante alchimie stylistique :

– *Les comparaisons* : Maupassant, comme Flaubert, encore qu'à moindre degré, est « dévoré de comparaisons ». Cette dévoration est complète dans la mesure où elle recouvre la totalité de l'impression : les regards de Duroy s'étendent « comme des coups d'épervier » (I, 1) ; les comparaisons donnent une image sensuelle lorsqu'elles prennent une forme gustative : « Les huîtres d'Ostende furent apportées, mignonnes et grasses, semblables à de petites oreilles enfermées en des coquilles » (I, 5, p. 110) ; une mappemonde « semble mûrir comme un melon d'appartement ».

Le styliste excelle à préciser une *image* qui colle à la vision : en ce sens, la réussite est totale quand Mme Walter « apportait dans son étreinte une ardeur inhabile et une application sérieuse qui donnaient à rire à Duroy et le faisaient songer aux vieillards qui essayent d'apprendre à lire » (II, 5, p. 319).

– *La métaphore* : cette figure de style qui compare des éléments sans avoir recours à un mot de comparaison, est une figure majeure des procédés artistiques du styliste. La soif est ainsi la métaphore de l'ambition et de la réussite ; le boulevard est la métaphore de l'aventure ; les Folies-Bergère ou la salle cachée de quelque restaurant est la métaphore du plaisir et du désir ; la femme est la métaphore de la réussite...

L'eau, enfin, est une métaphore majeure ; c'est l'élément primitif vers lequel glisse la société qui s'enfonce vers les fonds vaseux de la décadence. La société, la ville, une civilisation tout entière, gorgée de lassitude, se dégradent, se liquéfient : la ville transpire « dans la nuit étouffante » (I, 1, p. 30) ; la soif tenaille (I, 1, p. 31-32) ; la foule « glissait [...] exténuée et lente » (I, 1, p. 33) ; une « odeur étrange [...] flottait dans ce lieu » (I, 1, p. 37) ; Forestier « avala » son bock « d'un seul trait » cependant que Duroy « buvait la bière à lentes gorgées » (I, 1, p. 38) ; les promeneurs, sur le boulevard, sont « entraînés dans le courant des promeneurs » (I, 1, p. 44) ; la chevelure de Norbert de Varenne « se répandit comme de l'eau sur le bras nu de la jeune femme » (I, 2, p. 52)... Tout se transforme, se gâte, revient à l'unité originelle.

Comment ne pas conclure comme François Maurine : « Hé bien [...] C'est une technique qui défie le temps. Tout grand roman est poétique : Maupassant, à sa façon, est poète, lui aussi... »

BIBLIOGRAPHIE SOMMAIRE

Édition critique de « Bel-Ami »

— *Bel-Ami*, texte établi avec introduction et relevé de variantes par Gérard Delaisement (éd. Garnier, 1959).

Sur Maupassant et son roman

— Armand Lanoux, *Maupassant le Bel-Ami* (nouv. éd. Grasset et Fasquelle, 1979). Une étude intéressante pour connaître l'homme.
— Albert-Marie Schmidt, *Maupassant par lui-même* (Le Seuil, 1962).
— Thérèse et Fabrice Thumerel, *Maupassant* (éd. A. Colin, coll. « Thèmes et Œuvres », 1992).
— André Vial, *Maupassant et l'art du roman* (éd. Nizet, 1954).
— Marie-Claire Bancquart, *Bel-Ami* (Imprimerie Nationale, 1979). Une étude approfondie sur ce roman.
— Louis Forestier, *Bel-Ami* dans *Romans* (coll. « Bibliothèque de la Pléiade », éd. Gallimard, 1987).

QUELQUES POINTS DE VUE

« On peut se demander si ce qui rend la vie littéraire de Maupassant particulièrement digne d'estime, ce n'est pas le propos qu'on y remarque d'épuiser toutes les possibilités du réalisme et du naturalisme, puis d'en décanter les doctrines un peu mêlées, pour en tirer une leçon d'objectivité essentielle, dont notre époque, si elle n'y prenait garde, entendrait à merveille les mérites prophétiques. »

A.-M. Schmidt, *op. cit.*, p. 151.

« [...] Quel regard incisif sur la vie ; quelle lucidité dans l'observation des rapports humains ; quelle cruauté dans l'analyse de l'individu, dans la façon de débusquer l'autre qui est en nous : l'étranger inconnu, le double invisible et inquiétant. C'est à devenir fou. »

Louis Forestier, *Romans, op. cit.*, p. XXIV.

« Roman zolien que *Bel-Ami* ? Dans sa conception, sans doute. Fait dans la manière si caractéristique de Zola, mais fait à l'économie, aux moindres frais. De là cette légèreté, cette allure preste et enlevée, cette impatience d'allégro qui donne au roman un peu du charme irrésistible que Maupassant trouvait aux œuvres libertines du XVIIIe siècle. »

Philippe Bonnefis, *Commentaires* sur *Bel-Ami*, éd. du Livre de poche, p. 383.

QUELQUES CITATIONS

Sur la réussite et l'arrivisme

« Ça n'est pas difficile de passer pour fort, va ; le tout est de ne pas se faire pincer en flagrant délit d'ignorance » (I, 1).

« Sais-tu que tu as vraiment du succès auprès des femmes ? Il faut soigner ça. Ça peut te mener loin. [...] C'est encore par elles qu'on arrive le plus vite » (I, 1).

« Tout dépend de l'aplomb ici. [...] Il faut s'imposer et non pas demander » (II, 1).

Sur Paris

« À Paris, vois-tu, il vaudrait mieux n'avoir pas de lit que pas d'habit » (I, 1).

Sur le monde de la finance

« Elle s'exaltait, parlant en femme de financier, habituée à voir machiner les coups de bourse, les évolutions des valeurs, les accès de hausse et de baisse ruinant en deux heures de spéculation des milliers de petits bourgeois, de petits rentiers » (propos de Mme Walter, II, 5).

« [Walter] était devenu, en quelques jours, un des maîtres du monde, un de ces financiers omnipotents, plus forts que des rois, qui font courber les têtes, balbutier les bouches et sortir tout ce qu'il y a de bassesse, de lâcheté et d'envie au fond du cœur humain » (II, 7).

Sur l'apothéose de Bel-Ami

« [L'église] était pleine de monde. [...] Il allait lentement, d'un pas calme, la tête haute, les yeux fixés sur la grande baie ensoleillée de la porte. [...] Il ne voyait personne. Il ne pensait qu'à lui » (II, 10).

Sur la mort

« On naît, on grandit, on est heureux, on attend, puis on meurt [...] Et jamais un être ne revient, insecte, homme ou planète ! » (I, 8).

« Respirer, dormir, boire, manger, travailler, rêver, tout ce que nous faisons, c'est mourir. Vivre enfin, c'est mourir ! » (I, 6).

INDEX DES THÈMES ET NOTIONS

Les numéros renvoient aux pages du « Profil ».

Imprimé en France par l'Imprimerie Hérissey - 27000 Évreux
Dépôt légal : 14334 - Janvier 1995 - Nº d'impression : 67624